꿰뚫는

한국사

꿰뚫는 한국사

시대를 뒤흔든 문제적 인물들

홍장원 김재원 오창석 배상훈 지음

KNOWLEDGE

차 례

들어가며 **6**

1장 남과 여

2장 왕이 되고 싶었던 그들

4장 친일파들

최고 이야기꾼들이 모여 쓴 차원이 다른 한국사

이 책의 모티브가 된 유튜브 방송 〈역사 뇌피셜 그 놈〉의 기획·제작자이자 출연자 MC장원입니다. 많은 사람들이 역사를 '학습'이라는 개념으로 처음 접하기 때문에 역사는 재미없고 지루한 것이라 대부분 생각하게 됩니다. 하지만 역사도 '유흥遊興'의 훌륭한 도구가 될 수 있다고 생각합니다. 제대로 된 이야기꾼을 만나면 그 일이 가능하다고 믿어왔으니까요.

전경으로 군복무 하던 시절 아주 특이한 선임(한 달 빠른 기수) 한 명이 있었습니다. 비쩍 마른 몸에 도수 높은 안경을 착용하고 매우 조용한 성격으로 평상시에는 거의 눈에 띄지 않는 사람이었습니다. 그런데 어느 한 시간이 찾아오면 내무반 모든 이들이 선임 주변에 옹기종기 모여 앉았습니다. 그 선임은 모두를 청취의 노예로 만들어버리는 재주가 있는, 제가 꿈을 갖게 된 바로 그 '이야기꾼'이었습니다. 그 선임은 역사를 전공하고 있는 학생이었습니다. (당시 느끼기에) 그의 역사 이야기는 여느 드라마나 영화와도 비교가 안 될 정도로 흥미로웠습니다. 그래서 전경이라면 피해갈 수 없는 '무한 대기'라는 고통의 시간이 찾아와도 소대원들은 걱정하지 않았습니다. 역사를 무한으로 즐길 수 있는 시간이었기 때문입니다.

평생 역사책이라곤 한 줄도 안 읽어봤을 듯한 말년 고참, 사회에 두고 온 여자친구에 대한 그리움으로 잠 못 이루던 신입, 후임들 괴롭히는 것으로 악명 높았던 중간 고참까지도 모두가 역사 이야기를 사랑하는 사람이 되었습니다. 그때 저는 깨닫게 되었습니다. 이야기의 힘은 대단하다는 것을요. 여러 이야기들의 시작이 '역사'인거고, 그 이야기를 새미있게 전달할 수 있는 '이야기꾼'만 있다면 영향력은 몇 배로 커질 수 있다고 생각한 겁니다.

콘텐츠 제작을 업으로 삼게 되면서 제대 한지 십여 년이 훌쩍 지났음에도 마음 한구석에 그 어눌해 보이던 고참의 모습이 생생한 장면으로 남아있습니다. 그래서 그 후로 항상 갈망해왔었습니다. 재밌고 색다른 역사 콘텐츠를 만들고 싶다고 말이죠.

"역사도 과거 정치의 기록이니 시사평론가가 역사 속의 정치를 평론한다면 어떨까?"

"프로파일러가 역사 속 인물을 프로파일링 해본다면 어떨까?"

"코미디언이 역사를 소재로 코미디를 만든다면 어떨까?"

그렇게 개그맨 출신인 저와 오창석 시사평론가, 배상훈 프로파일러가 의기투합하게 되었습니다. 하지만 가장 큰 미션이 남아있었습니다. 바로 '역사 이야기꾼'을 찾아야 했습니다. 그렇게 삼고초려 끝에 인연이 닿게 된 사람이 바로 역사학자 김재원입니다.

그를 만날 때 이런 촉이 발동했습니다. "이 사람은 타고난 이야기꾼이다!" 결과적으로 그때의 촉은 틀리지 않았고 그렇게 만든 방송은 많은 이들의 사랑을 받으며 100회를 넘기고, 광고주들이 광고를 넣고 싶어 기다리는 방송이 되었습니다. 그 방송을 이제는 책으로 엮어져 여러분들과 만납니다. 꿈만 꾸던 일이 현실이 되었고, 그 일에 제가 작게나마 힘을 보낼 수 있어 무한한 영광을 느낍니다. 어쩐지 이 영광은 군시절 만났던 역사학도 선임에게 돌려야 할 것 같습니다. 개인적으로 똑같은 공부 과목 중 하나였던 '역사'를 이야기로서의 '역사'로 탈바꿈해 준 사람이니까요.

지금 이 순간 염치없게 한 가지를 더 바라본다면 이 책이 여러분께도 그런 즐거운 존재가 되었으면 좋겠습니다. 여러분이 접해왔던 역사의 '새로운 역사'가《꿰뚫는 한국사》와 함께 시작하기를 기원합니다.

2024년 겨울,

MC장원(홍장원)

1장

남과 여

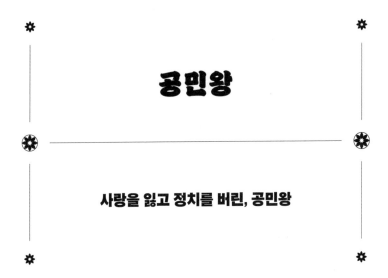

공민왕

사랑을 잃고 정치를 버린, 공민왕

원 간섭기의 끝을 알린 국왕

원종이 원나라와 공식적으로 관계를 맺은 뒤, 그의 아들이 공주와 결혼을 약속하며 고려는 원나라의 부마국이 된다. 이후 충렬왕, 충선왕, 충숙왕, 충혜왕, 충목왕, 충정왕에 이르기까지 고려의 국왕은 원나라를 향해 충忠을 맹세했다. 이 시기를 우리는 흔히 원 간섭기라고 부른다. 그리고 약 100여 년간 이어진 두 나라의 종속적 관계를 끝낸 인물이 있다. 그가 바로 공민왕이다.

여기서 잠깐, 그럼 약 100년 가까운 시간 동안 고려는 굴욕적이고, 비굴한 상태에서 원나라에 끌려 다녀야만 했을까? 그런 관계를 지금의 한국인들은 치욕스럽게 생각해야 할까? 그럴 필요는 전혀 없다. 700여 년 전 그때, 이 땅에는 민족 정체성이 발현되기 이전이다. 그들과 지금의 우리는 근본적으로 다르거니와, 국가 간의 관계도 지금의 관계와 동일하게 바라볼 수 없다. 쉽게 말해, 원 간섭기는 우리가 100여 년 전 겪었던 식민지배와는 전혀 다르다는 말이다.

우리가 당대를 인식할 때 가장 눈여겨봐야 할 부분은 고려 국왕과 원나라 황실의 관계다. 고려와 원나라는 '부마駙馬'라고 불리는 가족의 결합을 통해 꾸준히 외교 관계를 이어갔다. 고려 왕실에게 원나라는 처갓집이자, 외갓집이었다. 생각보다 둘의 관계는 끈끈했다. 고려의 국왕이 원나라 황제와 얼마나 가까운 혈통인지에 따라 위상을 달리하기도 했으며, 스스로 고려인임을 내세우기보다는 원나라 황실의 구성원임을 자임하기도 했다.

이러한 특수 관계 안에서 고려의 왕실의 위상, 정치제도와 정치세력의 변화 등을 살펴보면 달리 보이는 것들이 있다. 당대 유라시아 대륙을 호령했던 세계 최강대국 원나라와 가족관계로 얽혀 있는 나라라니, 고려의 위상이 과연 치욕스럽기만 했을까? 원나라 황실의 구성원 중 한 명이었던 고려의 국왕이 고려 내부의 정치를 어떤 식으로 이끌었는지도 중요한 문제다. 물론 그렇다고 당시 고려와 원나라의 관계가 수평적이었다고 볼 수는 없다. 고려 국왕의 위치도 원나라 황실 내의 정치적 변화에 따라 바뀌기도 했으니 말이다.

이렇듯 조금은 특수하고, 종속적이기도 했으며, 탈도 많았던 원 간섭기에 여명이 찾아온 건 14세기 중반 무렵이었다. 당시 동아시아는 원나라의 강력한 통제력이 무너지면서 어수선한 상황이었다. 특히 '홍건적의 난'이 일어나며 중원에서는 한족 군웅 세력이 성장하고 있었고, 이와 함께 원나라 내부에서도 급격한 정세변화가 시작됐다. 홍건적의 난을 진압하는 과정에서 무장 세력이 원나라 정계에서 큰 영향력을 발휘했기 때문이다.

원나라 내부의 신흥무장세력 간 알력다툼은 기존 원나라의 시스템을 무너뜨렸다. 시스템의 붕괴는 곧 중원의 한족 군웅 세력의 반란을 막을 군사적인 힘을 잃게 하는 요인이 되어 버린다. 그리고 얼마 안 가 원나라의 왕세는 1368년 7월 수도였던 대도(大都, 지금의 베이징)를 버리고 상도上都로 피신한다. 대도는 그해 8월 중원 한족 군웅 세력 중 하나였던 주원장 세력에 의해 점령된다.

하지만 원나라는 포기하지 않았다. 불과 몇 년 전까지 유라시아 대륙을 평정했던 원나라가 그리 쉽게 무너지리라 생각하기 쉽지 않았다. 원나라는 다시 중원을 되찾을 수 있을 것이라고 믿으며 기존의 원 중심 외교 질서를 회복하기 위한 노력을 시작한다. 원나라의 꿈과 희망과는 별개로 중원에서 새롭게 떠오른 강대국 명나라도 새로운 동아시아 국제질서를 만들어 내기 위해 주변국과의 관계를 맺어갔다.

이제부터 동아시아의 모든 나라가 선택을 해야 '만' 하는 상황에 놓이게 된다. 자존심을 구겼지만, 여전히 북쪽에서 군사력을 유지한 채 버티고 있는 원나라인가? 아니면 새롭게 중원에서 성장하고 있는 명나라인가? 동아시아는 이제 누구 하나 '절대 강자'라고 할 수 없는 불안정한 상태가 되어 버렸다. 공민왕은 하필이면 그때 원나라의 부마국, 고려의 국왕으로 즉위한다.

대권大權을 쥐기 위한 신의 한 수, 결혼

고려의 왕이 된 공민왕에게 가장 중요한 문제도 바로 이 '한족 군웅 세력의 성장'과 '원 중심 체제의 붕괴'였다. 특수하고도 끈끈하게 유지되던 원나라와 고려와의 관계를 갑자기 변화시키기란 여간 어려운 일이 아니었다. 특히나 고려와 국경을 접한 요동은 여전히 원나라의 영향력이 막강했고, 원나라 관리들이 직접 통치하는 지역이었다.

게다가 공민왕이 즉위했을 무렵에는 아직 고려의 국경 지역에 대한 명나라의 적극적인 공격이 이루어지지도 않는 상황이었다. 하지만 명나라는 전세를 역전하기 위한 치밀한 준비 작업에 들어간다. 아무리 이빨 빠진 호랑이라고 하더라도, 한때 대제국을 건설했던 원나라가 아니던가. 명나라는 원나라와 제대로 자웅을 겨루기 위해 고려를 향한 외교적 접촉을 시도한다. 이에 맞서 원나라도 고려와 기존의 관계를 유지하기 위한 압박을 시작했다.

여기서 눈여겨봐야 할 부분이 바로 공민왕의 태생과 그의 혼인이다. 결론부터 말하자면, 공민왕이 고려의 국왕이 될 수 있었던 건 그에게 원나라 황실의 피가 흘렀고, 동시에 그가 원나라 공주와 결혼했기 때문이었다. 공민왕이 고려에서 국왕으로서 정치할 수 있었던 배경에는 원나라가 있었다는 말이다. 물론 그 안에는 공민왕과 원나라 공주와의 사랑 이야기도 포함된다.

공민왕은 충숙왕의 둘째 아들이며, 충혜왕의 친동생으로 이름은 왕전, 몽골식 이름은 바얀테무르였다. 공민왕이 즉위하기 직전 고려의 국왕이라는 자리는 원나라 황실의 복잡한 내분으로 인해 교체가 잦은 자리였다. 충혜왕부터 충목왕, 충정왕으로 이어지는 고려의 국왕들은 각각 5년도 채 안 되어 폐위되었을 만큼 불안한 상태였다.

이 과정에서 공민왕은 왕자 시절 원나라 황실에서 숙위하면서 차기 고려 국왕 자리를 노린다. 하지만 공민왕의 야심은 곧 무너진다. 친형이었던 충혜왕이 폭정으로 원나라에 의하여 폐위당했지만, 충목왕이 즉위한다. 그리고 충목왕이 요절하자 원나라에서는 차기 왕으로 그의 조카인 충정왕을 왕으로 앉혀 버렸다. 원나라가 공민왕을 차기 고려 국왕으로 앉히지 않았던 데에는 여러 이유가 있겠지만, 가장 결정적이었던 건 그의 어머니가 고려인이었기 때문이었다.

바로 이때 공민왕은 선택한다. 어머니 쪽 가계가 발목을 잡는다면, 원나라 황실의 입맛에 맞는 처가를 골라야 한다는 정치적 판단을 한 것이다. 그렇게 선택된 인물이 바로 노국대장공주였다. 노국대장공주의 아버지는 위왕魏王 아목가阿木哥의 아들인 패라첩목아孛羅帖木兒였다. 원나라 황실의 공주였던 노국대장공주와의 결혼은 공민왕에게 든든한 처가가 생겼음을 의미했다. 여러 차례 고려 국왕 자리를 놓쳤던 공민왕에게도 나름의 정당성이 생긴 것이다.

사실 노국대장공주가 바라봤을 때 훗날의 공민왕은 결코 훌륭한 결혼 상대는 아니었다. 여러 차례 조카에게 밀려 임금이 되지 못한 사람이었고, 충정왕이 일찍 죽지 않는 한 남편이 고려의 국왕이 되기는 쉽지 않았다. 노국대장공주에게 그와의 결혼은 혹시나 있을지도 모를 차기 대권을 쥐기 위한 배팅이었다. 여기서 오해는 하지 말자. 원래 왕실의 결혼은 늘 그래왔다. 애정보단 정략이었다는 말이다.

노국대장공주의 당찬 배팅은 결국 성공한다. 결혼 후 2년 뒤인 1351년, 원나라의 혜종이 충정왕을 폐위시켰고, 공민왕을 고려의 국왕으로 앉혔기 때문이다. 그렇게 노국대장공주는 원나라의 공주라는 타이틀 외에도 고려의 왕비라는 새로운 타이틀을 하나 더 목에 건다. 당연히 원나라에 내에서 그의 위치도 한 단계 더 성장한다. 둘의 결혼은 결과적으로 공민왕과 노국대장공주 모두에게 성공한 '신의 한 수'가 된다.

사랑의 힘으로 일군 개혁의 꿈

공민왕이 고려의 왕이 될 수 있었던 건, 이렇듯 원나라와의 끈끈한 관계 덕분이었다. 그렇기에 한국사 교과서에 실린 공민왕의 '반원 정책'은 다소 의아한 구석이 있다. 실제로 공민왕이 즉위 초기에 시도했던 개혁은 원나라와의 관계를 재정립하는 방향이었다기보다는, 원나라에 좌지우지되던 고려의 왕권을 되찾는 수준이었다. 공민왕 스스로 왕이 되기까지의 험난했던 과정을 복기하면서 원나라 안에서의 정치변동에 따라 고려의 왕위가 흔들려서는 안 된다는 것을 깨달았기 때문이었다.

거기에 더해 공민왕은 고려 내부의 무너진 기강을 다잡기 위해 고려 내에서 권세가라는 명분으로 위세를 떨치던 이들을 정리해야 한다는 생각을 하게 된다. 권세가들에게 빼앗긴 토지를 본래의 주인에게 돌려주는 정책을 취한 것이다. 이는 원나라와의 연줄을 통해 언제든지 국왕 반대세력으로 돌변할 수 있는 권세가들의 돈줄을 틀어막는 효과도 있었다. 공민왕의 개혁 정책은 국왕의 권력을 강화하는 동시에 국가재정을 확보한다는 정당성까지 얻으며 그가 측근세력을 키워나갈 수 있는 원동력이 된다.

그런데 한편으로 공민왕은 이전의 충忠자 돌림 왕들과는 조금은 다른 행위를 했던 것도 사실이다. 공민왕은 원나라에서의 숙위를 마치고 고려로 돌아오면서 스스로 몽골식 호복을 벗고 변발을 폐지한다. 끈끈했던 원나라와의 관계가 조금은 어색해질 수도 있는 문제였다. 하지만 그 자체로 문제가 될 건 없었다. 애초에 원나라는 고려의 전통에 대한 간섭을 하지 않았기 때문이다. 원나라와 고려가 처음 관계를 맺을 때부터 상호 간의 관계를 구속하고 있던 이른바 세조구제 속 불개토풍不改土風, 즉 '고려의 풍속을 따른다'는 원칙 덕분이었다.

그러나 공민왕의 나름 맹랑한 행동은 원나라의 공주로서 그의 아내가 된 노국대장공주에게는 다소 거슬렸을 수 있었다. '원나라 덕분에 왕이 된 주제에, 이제 와서?'라고 생각했을지도 모르겠다. 노국대장공주의 속마음은 알 수 없지만, 공민왕의 발칙한 행동에도 불구하고 부부 간의 금슬은 좋았다. 문란한 성생활을 즐겼던 원 간섭기 고려 국왕들과는 달리, 공민왕은 노국공주가 살아있는 동안만큼은 부인에게 충실했기 때문이다.

5년 차에 접어든 공민왕은 둘 사이의 끈끈한 애정에 힘입어 집권 이전보다 과감한 개혁을 추진해나가기 시작한다. 그가 개혁의 칼날을 겨눈 대상은 기황후 세력이었다. 이유는 명확했다. 원 간섭기 고려 국왕의 권위는 원나라에서 기인했다. 그런데 고려 출신 궁녀가 원나라가 혜종의 황후가 되면서, 그리고 그녀가 낳은 아들이 황제가 되면서 권력의 균형추가 깨지게 된다. 개혁은 바로 이러한 구조 속에서 추진된다.

어느 정도 왕권을 다졌다고 판단한 공민왕은 기황후의 측근 세력이 고려 내에서 고려 국왕의 권위를 깎아 먹는 작금의 상황을 돌파해야 했다. 공민왕은 기황후의 권력에 빌붙어 고려에서 패악질을 일삼던 기황후의 친오빠 기철과 그 일파를 숙청하면서 개혁을 추진한다. 이 과정에서 원나라와의 행정기관이었던 정동행성이문소를 혁파하고, 쌍성총관부를 수복한다. 자신감을 얻은 공민왕은 원나라 연호 사용을 금지하기에 이른다.

기황후 세력을 정리한다는 명분이 있었지만, 이 과정에서 보여준 공민왕의 다양한 조치들은 원나라에 도전적인 모습이었다. 심지어 공민왕은 명나라와 정식으로 외교문서를 주고받기 시작했고, 원나라 연호 대신 명의 연호를 사용하기까지 했다. 그렇다고 공민왕이 원나라와의 교류를 완전히 끊었느냐면, 결코 그렇지는 않았다. 여전히 원나라는 그의 부인이었던 노국대장공주의 나라였고, 자신의 권력은 여전히 그곳으로부터 기인한다는 사실도 잊지 않았기 때문이다.

나름 섭섭할지도 모를 공민왕의 개혁 방향이었지만, 원나라는 이를 지켜볼 수밖에 없는 처지였다. 원나라의 내부의 알력다툼은 생각보다 심각했고, 하나의 세력이 중심을 잡고 운영되는 나라로 보기 힘들 만큼 복잡한 지경이었다. 공민왕은 이러한 원나라 내부 사정을 활용해 고려의 개혁이 '원나라 전체에 반하는 정책'이 아닌, 다양한 세력 중 하나였던 기황후 세력과의 단절이라는 메시지를 던졌다. 이 메시지 자체가 당돌했지만, 그뿐이었다.

이 와중에 공민왕은 엄청난 위기에 직면하게 된다. 바로 홍건적의 침입이었다. 당시 홍건적의 침략은 수도 개경이 함락될 정도로 거셌다. 공민왕은 이때 지금으로 치면 안동 지역인 복주福州까지 피난 가는 치욕을 겪어야 했다. 이 혼란을 틈타 기황후 세력은 1363년 공민왕을 폐위하고 충선왕의 셋째 아들이었던 덕흥군을 옹립하려는 쿠데타까지 벌인다. 하지만 결과적으로 이 시도는 실패했고, 오히려 공민왕의 입지는 너욱 단단해진다.

이를 계기로 부부 관계도 한층 더 뜨거워지게 된다. 고된 피난 생활을 함께 이겨낸 데다, 쿠데타 당시 노국대장공주가 공민왕을 직접 밀실로 피신시키고 괴한들을 몸으로 막아섰기 때문이다. 쿠데타 세력은 공민왕의 부인이기에 앞서 원나라의 공주였던 노국대장공주를 해칠 수 없었다. 공민왕은 부인 덕에 목숨을 부지했다. 그만큼 공민왕에게 노국대장공주는 특별한 의미였다. 노국대장공주는 공민왕에게 있어 고난을 함께 이겨 낸 부인이자, 정치적 동반자이기도 했다. 적어도 이때까지 공민왕의 모든 개혁은 부인이 있었기에 가능했다.

그로부터 1년 뒤인 1364년, 공민왕과 노국대장공주에게 기다리던 소식이 전해진다. 바로 임신이었다. 무려 결혼 15년 만에 일어난 경사였다. 만약 아들이라면 공민왕의 후계를 잇게 될 아이였다. 그러나 두 사람이 만들어 낸 사랑의 결실은 이듬해에 잔인하게 깨지게 된다. 노국대장공주가 난산에 시달리던 끝에 아이와 함께 사망하는 일이 벌어진 것이다. 공민왕은 그날 사랑하는 아내이자 든든한 정치적 동반자를, 그것도 꿈에 마지않던 자식과 함께 잃어버린다. 공민왕 인생의 커다란 터닝 포인트였다.

'찐사랑'의 죽음, 그리고 몰락

노국대장공주가 죽자, 공민왕은 완전히 다른 사람이 되어 버린다. 그간 고려의 중흥을 이끌었던 개혁적인 모습은 사라져버렸다. 주변의 국제정세가 하루가 다르게 변해가던 중차대한 상황에서도 공민왕은 무기력한 군주로 변해갔다.

공민왕은 심지어 이미 죽어버린 노국대장공주에게 집착하기 시작했다. 그는 아내가 세상을 떠난 뒤 방 한 구석에 초상화를 그려놓고 식사를 하며 대화를 주고받았다. 노국대장공주가 죽은 지 8년이 지나도록 후비들마저 멀리하면서 후사도 얻지 못한 상황이었다. 그저 "노국공주만한 여인이 없다"며 눈물을 흘릴 뿐이었다. 이후 공민왕은 노국대장공주를 기린다며 거대한 무덤을 만들거나 영전을 만드는 데에 국고를 탕진하기 시작했다. 그렇게 공민왕은 조금씩 암군이 되어 가고 있었다.

한편 불안정한 심리상태 속에서 공민왕은 다시 한 번 개혁의 칼날을 뽑아 든다. 노국대장공주와 함께 개혁을 이끌었던 것처럼, 승려였던 신돈과 함께 개혁을 시작한 것이다. 이전과 다른 부분이 있다면, 개혁의 선봉에는 신돈이 있었고 공민왕은 뒤에서 힘을 받쳐주는 모양새였다는 점이다. 바로 이때 정몽주, 이숭인 등이 '학관'으로 참여하며 새로운 정치세력으로 성장하게 되었다. 이들은 이후 성리학을 매개로 결집해 신진사대부로 성장하게 된다.

그러던 중 공민왕을 대신해 정치를 주관해온 신돈이 사사롭게 뇌물을 받거나 부녀자를 간음하는 등 물의를 일으키는 사건이 연이어 터지게 된다. 사실 이전부터 신돈의 사치는 도를 넘은 상황이었다. 신돈의 패악질은 개혁의 대상이었던 공민왕 반대세력의 반발은 물론, 그가 키워낸 신진사대부의 반발까지 불러일으킨다. 그렇게 공민왕은 다시 정치의 전면에 나서게 되었고, 결국 1371년 신돈을 처형하기에 이른다. 하지만 여러 사건을 겪은 공민왕은 정상이 아니었다. 여전히 노국공주에 대한 그리움을 이기지 못해 술에 취하거나, 변태적인 행동을 하기 시작했다. 젊고 예쁜 시녀들과 귀족의 아들로 구성된 자제위 소속 청년들이 무리지어 난삽하게 음행을 저지르도록 해놓고, 공민왕은 문틈으로 이를 엿보며 즐겼다. 자제위 중 하나였던 홍륜을 불러 동성애를 즐겼고, 자제위를 시켜 왕비를 강간토록 종용하기까지 했다.

개혁적인 군주가 암군이 되어가면서, 자연스럽게 고려 또한 황혼을 준비해야 했다. 마치 고려의 마지막을 예고하는 듯, 공민왕의 마지막 장면은 그야말로 추악했다. 공민왕이 믿고 주변을 맡겼던 홍륜에게 늦은 밤 침소에서 시해당한 것이다. 사랑을 잃은 국왕이 그 핑계로 나라를 버렸을 때 빌어긴 참혹한 사건이었다.

죽 쒀서 개 준
의존형 인격장애, 공민왕

스스로 갖가지 재주를 타고난 영웅은 드물다. 승자 중심의 역사책을 보는 후세의 독자들에게 영웅으로 비춰지는 인물도 실제로는 인간 그 이상, 그 이하도 아닐 수 있다. 영웅은 결코 혼자가 아니고, 또 혼자서는 될 수 없다.

나아가 영웅 서사의 첫 줄에 불완전한 인간을 영웅으로 키워준 누군가가 있다. 그는 유력자이기도 하고, 부인이기도 하며, 기타 등등의 인물이기도 하다. 영웅은 그를 떠나 다음 스테이지로 나아간다. 사실은 배신이고 뒤통수를 친 것이지만 멋지게 포장된다. 몇 번의 레벨업이 끝난 뒤, 영웅은 누구도 함부로 건드릴 수 없는 존귀한 몸이 된다. 즉, 영웅은 과거를 넘어 미래로 향한 것이다.

그런데 가끔 이런 영웅 서사를 마무리 짓지 못한 이무기 같은 존재가 과거의 덫에 걸려 스스로 무너지는 사례도 종종 있다. 공민왕은 바로 이 이무기 같은 존재이다. 그가 자신의 과거와 단절하지 못하고 주저앉은 데에는 스스로의 의존형 성격장애가 한몫했을 것이다. 원나라의 허락 아래에서만 왕이 될 수 있었던 원 간섭기, 원나라 공주와의 혼인으로 권력을 확약 받은 뒤 그 종속적 관계를 끝낸 인물이 바로 공민왕이다. 그런데 그의 몰락 배경에 자신의 아내 원나라 노국대장공주가 있다는 점은 공민왕이 가지는 인격적 아이러니일 것이다.

공민왕에 대한 대체로의 인식은 공민왕이 주체고, 노국대장공주는 객체라는 것이다. 한발 양보해도 공민왕은 노국대장공주를 단지 수단으로 생각하지 않고 공동의 통치자로 생각한 듯하다. 그런데 관점을 완전히 바꿔보자. 물론 생존을 위해 동아줄을 잡아야 한다는 일념에서 스스로를 속었을 수도 있다. 그러나 애초 그의 성격이 왕이 될 상은 아니었고, 역으로 노국대장공주가 공민왕을 간택한 것이라고 하면 수치스러운 일일까? 후세의 역사는 그것을 둘 사이의 사랑으로 표현하지만, 객체로만 비춰졌던 노국대장공주가 실제로는 공민왕의 브레인이자 정권의 진정한 실세였다면? 왕후의 사후 공민왕이 보인 무력함이나 어리석은 판단에 대한 설명은 충분하다 못해 차고 넘치게 된다. 공민왕이 냉혹한 정치가라기보다는 탐

미적인 예술가에 가까웠다고 하면 그에 대한 폄훼가 될까? 그러기에는 공민왕이 보여준 노국대장공주 죽음 이전과 이후의 정치력 혹은 정치적 판단에 너무 큰 단절이 존재한다. 노국대장공주 사후 공민왕은 신돈을 발탁했다고는 하지만, 사실 신돈으로 대표되는 신흥 불교세력이 공민왕을 장악한 것이라고 봐도 무방하다. 신돈의 몰락은 이미 예정되어 있었다. 이후 귀족 집단을 대표하는 자제위와 홍륜이 공민왕을 통제했으며, 결국 그들에 의해 죽는다. 이렇게 생겨난 권력의 공백을 파고든 자는 최영과 이성계였고, 결국 최후의 왕관은 이성계와 그의 아들 이방원이 쓰게 된다.

여기서 공민왕과 노국대장공주에 대한 의문이 풀리는 지점으로 연결될 수 있다. 최후에 권력을 잡은 이방원의 입장에서 보자. 그가 정통성과 명분을 위해 다시 거꾸로 역사를 써가려고 할 때, 가장 걸리는 지점이 바로 이자춘을 중심으로 한 본인 가문의 친원적인 부분일 것이다. 어떤가? 지나친 비약인가?

평범한 인간은 가지기 위해 버리지 않는다. 그러나 영웅은 가지기 위해 버릴 수 있다. 노국대장공주에게 간택된 공민왕은 치명적인 성격적 한계가 있었다. 버려야 했으나, 결과적으로 그는 그 한계를 버리지 못했다. 속된 말로 죽 쒀서 개 준 꼴이 된 것이다. 물론 그 죽을 잘 받아먹은 영웅은 이성계와 이방원이다.

처절한 군웅할거의 정치 무대, 그 속에서 순수한 사랑의 끝이 어떤지를 공민왕이 온몸으로 알려준 것이다.

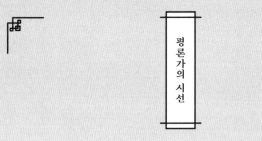

정치적 동반자란
무엇인가?

사람이 죽는다는 것은 그를 특별하게 기억하는 사람에게는 매우 잔인한 일이다. 왕도 대통령도 인간인지라 그 감정을 느낄 수밖에 없다. 공민왕과 노국공주의 이야기를 듣고 처음 든 생각은 정치인에게 '동반자란 무엇일까'라는 감정이다.

동반자란 무엇일까? 좁게는 배우자를 뜻하지만, 정치인에게 그 뜻은 보다 넓게 해석될 수 있다. 먼저 당연히 배우자가 포함될 것이고, 그가 속한 정당의 또 다른 정치인도 포함될 것이다. 물론 그 정치인을 열렬히 지지하는 지지자도 동반자가 될 수 있다.

한국 정치에서 배우자로서의 정치적 동반자라고 한다면, 단연

이희호 선생을 꼽을 수 있다. 김대중 대통령의 배우자인 그녀는 단순한 영부인이 아니었다. 유복한 가정환경에서 자란 이희호 선생은 우리나라 최초의 여성 운동가 중 한 사람이었다. 이희호 선생은 1959년 대한YWCA연합회의 총무가 된 뒤 첫 번째 사회운동을 전개했다. 그 당시 여성이 할 수 있는 사회운동이 무엇이었을까? 여기까지 읽은 사람들은 잠깐 멈추고 추측해 보길 바란다. 남녀 임금 차별에 대한 이야기? 육아 휴직의 필요성에 관한 이야기? 아니다. 조금은 놀랍지만 '혼인신고를 합시다'였다.

이게 무슨 말이냐고? 당시에는 혼인신고를 제대로 하지 않은 가정이 매우 많았다. 때문에 여성이 누군가와 결혼을 해서 살고 있음에도 불구하고, 또 다른 배우자가 들어오는 경우가 많았다. 다시 말해, 남편이 새로운 '첩'을 들인 것이다. 더 놀라운 것은 혼인신고를 하지 않아서 남편이 그 첩과 혼인신고를 하고 원래의 아내를 내쫓는 일도 빈번했다는 것이다. 지금으로서는 상상도 할 수 없는 이야기이지만 '혼인신고를 하자'는 운동이 당시 꼭 필요했던 이유이다. 이희호 선생은 1960년 제5대 총선 당시 더 놀라운 캠페인을 전개했다. 또 한 번 잠깐 읽는 것을 멈추고 상상해보길 바란다. 무엇일까? 바로 '축첩 반대 운동'이었다. '설마 그런 일이 있었겠어'라고 생각하는 사람도 있겠지만, 저 말이 캠페인이 될 수 있었던 이유는 단 하나였다. 바로 이전까지 첩을 둔 자가 국회의원으로서 버젓이 활동했다는 것이다. 이희호 선생은 '축첩자를 국회에 보내지 말자'는 문구를 붓으로 써서 피켓을 만들고 직접 거리 행진을 했다. 이처럼 이희호 선생은 그저 한 대통령의 부인이라고만 말할 수 없는, 그 스스로가 한 명의 정치인이었다. 김대중 대통령도 이런 이희호 선생을 존중하고 배려했다. 두 사람은 평생 서로를 응원하고 격려했으며, 중요한 사안이 있을 때마다 정치적 의견을 주고 받았다. 두 사람은 완벽한 정치적 동반자였다.

연산군과 장녹수

사랑꾼 혹은 폭군,
둘이면서 하나였던 연산군의 속사정

한국 역사상 최고(?)의 '폭군'

누군가 사람들에게 역사상 최악의 폭군이 누구냐고 물으면 단연 손에 꼽히는 인물이 있다. 바로 조선의 제10대 국왕 연산군(燕山君, 1476-1506)이다. 그의 지나친 유흥과 여색을 비꼬아 '흥청망청'이라는 단어가 만들어졌으며, 연산군에게 바칠 미녀를 찾기 위해 채홍사採紅使라는 임시 관원을 전국에 파견했다고 하니 이것만으로도 놀기 좋아하던 그의 성품(?)을 어느 정도는 짐

작할 수 있을 테다.

그런데 흥미롭게도 그와 관련된 또 다른 두 가지 사실이 있다. 우선 첫 번째는 그가 의외로 순수한(?) 사랑을 했다는 점이다. 사랑의 대상은 그 유명한 후궁 장녹수(張綠水, 1470-1506)였다. 서슬 푸른 칼부림으로 한양 바닥이 핏자국으로 가득하던 시절에도 장녹수는 끝까지 연산군의 사랑을 받으며 목숨을 부지할 수 있었다. 두 번째는 연산군이 조선시대 왕 중에서도 성군으로 꼽히는 성종의 뒤를 이어 적장자로 왕위에 오른 인물이었다는 점이다. 적장자였음에도 불구하고, 연산군이 세자가 되는 과정은 험난했다. 가장 큰 이유는 연산군의 생모인 폐비 윤씨가 1482년 사약을 받아 죽었기 때문이었다. 상반되어 보이는 이 두 사연의 절묘한 조화로 연산군의 인생은 조금씩 망가져 갔다. 사연 많은 어린 시절과 막장 행위, 그리고 이해하기 힘든 그의 순수한 '사랑'까지. 그의 인생은 좀처럼 연결되지 않는 것들로 가득하다. 대체 무엇이 그를 이렇게 만들었을까?

연산군의 발작 버튼 하나, 아버지

연산군의 굴곡진 사연을 알아보기 위해서는 당대 조선의 정치를 이해할 필요가 있다. 당시 조선은 크게 훈구 세력과 사림 세력으로 양분되어 있었다. 이러한 정치 구조가 만들어진 이유를 알기 위해 멀게는 그의 증조할아버지인 세조(世祖, 1455-1468) 시절, 가깝게는 아버지인 성종(成宗, 1469-1494) 시절의 이야기를 알아볼 필요가 있다.

세조의 집권은 사실 조선이 신봉하던 성리학적 세계관으로는 결코 용납할 수 없는 일이었다. 위기를 조장해 조카를 폐위하고 스스로 왕 자리에 앉았으니, 충忠을 기반으로 움직이는 성리학자들이 이를 그대로 수용하기란 쉽지 않은 일이었기 때문이다. 세조는 자신이 왕위를 찬탈한 계유정난에 이어 이징옥의 난과 이시애의 난을 겪게 되었고, 결국 자신을 지지하는 소수의 측근 집단을 중심으로 나라를 운영할 수밖에 없었다.

당연히 문제가 생겼다. 세조가 추구한 정치는 측근 세력의 과다한 토지 겸병과 관직 독점을 초래했다. 나아가 그가 추구한 왕권 강화 정책은 사실상 공신으로 불린 측근들의 권력을 강화했을 뿐이었다. 이들 측근 집단은 왕실 혹은 자기들끼리 혼인관계를 맺어 가며 권력을 더 크게 키워나갔다. 그렇게 탄생한 집단이 바로 세조 이후의 훈구 세력이다.

진짜 문제는 세조가 세상을 떠난 뒤에 터졌다. 발단은 아들들의 요절이었다. 세조의 장남인 의경세자는 왕이 되기 전 20살의 나이로 죽었고, 둘째 아들이었던 해양대군이 예종으로 즉위했지만 즉위 13개월 만에 세상을 떠났다. 세자의 이른 죽음과 예종의 요절은 조선 정계의 중심축을 국왕에서 훈구 세력으로 강하게 뒤바꿔 놓았다. 이미 훈구 세력은 왕실의 외척이었으므로 서로 누구를 다음 왕으로 앉힐 것인지 서로 경쟁하고, 조율하며 정계를 어지럽게 뒤흔들어 놓은 것이다.

이후 세조의 첫째 아들이었던 의경세자의 차남 자을산군이 예종의 뒤를 이어 성종으로 즉위했지만, 이미 성종은 훈구 세력의 손바닥 안에 존재할 수밖에 없었다. 그렇게 성종은 즉위와 동시에 세조의 비였던 정희왕후의 수렴청정垂簾聽政을 받게 되었고, 정치는 훈구 세력이 중심이 되어 돌아갔다.

하지만 성종은 대단히 총명한 왕이었다. 성종은 자신이 마주한 권력 구조가 정상적이지 않음을 빠르게 파악했다. 재위 7년차인 1476년에 성년이 된 성종은 수렴청정을 벗어난 자신의 직접 통치, 즉 친정親政을 선포하고 기울어진 왕권과 신권(훈구 세력) 사이의 균형을 잡기 위한 정치를 시작한다. 그렇게 성종에게 선택되어 정치의 균형을 잡아갔던 이들이 사림이다.

사림을 적극적으로 등용하며 정치의 균형을 잡아가던 성종이 가장 중요하게 생각했던 정치술이 바로 삼사三司의 기능을 활성화하는 것이었다. 왕의 정치 수업인 경연을 전담하는 홍문관弘文館, 왕에게 정국에 대한 의견을 간할 수 있는 사간원司諫院, 관리들의 부정을 감찰할 수 있는 사헌부司憲府를 지칭하는 삼사는 훈구 세력의 권력 기반인 의정부와 6조의 권력을 강하게 견제해 나갔다. 성종은 사림과 함께 훈구 세력을 견제하며 조선의 정치 균형을 재구축해갔다.

바로 이 지점에서 연산군의 발작 버튼 하나가 탄생한다. 성종이 발굴해서 조선의 정계로 진출했던 사림들, 더 정확히는 삼사에서 일하는 사림의 비판은 훈구 세력으로만 향하지 않았다. 삼사의 날카로운 비판은 점차 국왕의 정치를 향하기 시작한다. 애초에 사림을 정치로 끌어들인 성종은 스스로 유교적 도덕 군주를 지향했기에 사림의 비판을 '건전한 정치적 활동'으로 받아들였다. 조선 역사상 가장 많은 경연을 했던 왕이라는 타이틀은 성종이 지향했던 정치 시스템이 무엇인지를 명확히 보여주는 것이었다.

하지만 이를 지켜보는 세자, 그러니까 연산군은 조금 생각이 달랐다. 그는 아버지의 통치 스타일을 좋아하지 않았다. 연산군은 어린 시절부터 왕인 아버지가 삼사에 끌려 다닌다고 생각했다. 왕이 된 뒤, 연산군은 신하들이 왕의 말에 꼬투리를 잡는 행위를 '능상凌上'이라 부르며 극도로 견제하기 시작한다.

여기에는 너무 잘난 아버지와 변변치 못한 자신이라는 콤플렉스, 왕이라는 절대 권력을 손에 쥐고 있음에도 나약하게 하급 관료들에게 견제 받는 모습이 마음에 들지 않았던 그의 정치 스타일이 함께 자리잡고 있다. 이러한 인식은 연산군 통치 초기부터 꾸준히 나타나게 되었으며, 이는 곧 첫 번째 사화인 무오사화로 이어지는 결정적인 계기가 된다.

  사화의 명목은 『성종실록』을 편찬하는 과정에서 사관 김일손이 사초에 삽입한 김종직의 조의제문弔義帝文이었다. 연산군은 김종직이 증조부 세조가 단종으로부터 왕위를 빼앗은 일을 비방한 것을 문제 삼았다. 하지만 이는 핑계일 뿐, 근본적인 목적은 평소 눈엣가시였던 사림을 제거하기 위함이었다. 그는 죽은 김종직의 관을 파헤쳐 시체의 목을 베었으며, 이밖에도 수많은 사림 세력을 죽이거나 유배보냈다.

연산군의 발작 버튼 둘, 어머니

무오사화로 인해 삼사 소속의 대간들이 대폭 물갈이가 되었다. 훈구가 다시 기세를 잡을 기회가 온 것이다. 하지만 문제는 연산군 입장에서 보면 훈구 세력 또한 사림과 같은 이 꼴 사람에 불과하다는 점이었다. 이로 인해 터진 사건이 바로 갑자사화였다. 그런데 사실 갑자사화는 무오사화와는 사뭇 다른 발작 버튼이 눌려 벌어진 사건이었다.

  연산군은 적장자가 세자로 책봉되어야 한다는 절대적인 명분으로 왕위를 계승한다. 그의 왕위계승 과정에는 큰 고초가 존재했다. 바로 그의 어머니인 폐비 윤씨 때문이었다. 폐비 윤씨는 성종의 후궁으로 입궐해 성종의 총애를 받으며, 세 명의 대비(정희왕후, 안순왕후, 소혜왕후)까지 극진히 봉양하여 신뢰를 얻었던 인물이다. 이러한 신뢰를 바탕으로 윤씨가 입궐하고 1년 뒤 성종의 첫 번째 왕비 공혜왕후가 자녀 없이 사망하자 윤씨는 중전으로 책봉된다. 바로 이 시기 윤씨는 연산군을 임신 중이었고, 곧 연산군은 중전의 맏아들로 태어나게 된다.

그런데 연산군이 태어나고 윤씨의 행동에 변화가 생기기 시작한다. 결정적인 이유는 성종의 활기 넘치는 성욕이었다. 성종은 윤씨를 포함해서 부인만 12명이었고, 자녀는 12남 16녀(28명)로 조선의 왕 중에서도 활발한 성생활을 즐긴 군주 중 하나였다. 물론 이러한 성종의 활발한 성생활은 특정 외척의 세력에게 권력이 몰리는 것을 방지함도 있었을 것이다. 하지만 왕후로 책봉된 윤씨에게 이러한 정치적 상황 따위는 눈에 들어오지 않았다.

그렇게 성종을 향한 윤씨의 질투심이 폭발하게 된다. 이후 윤씨는 성종이 총애하던 후궁들을 음해하기 시작했고, 더 나아가 1477년 3월에는 왕과 후궁들을 살해하기 위해 독약을 숨겨두었다는 혐의를 받게 된다. 곧바로 윤씨의 폐비 논의가 이어졌지만, 성종은 결정을 미루고 윤씨를 별궁에서 머물며 근신하도록 했다. 이후 윤씨는 연산군의 동생까지 낳으며 성종과의 관계 개선에 성공한 것처럼 보였다. 하지만 얼마 뒤 1479년, 윤씨는 결국 질투심을 이기지 못하고 성종의 얼굴에 손톱자국을 내버렸다. 끝내 성종의 마지막 신뢰를 저버린 것이다. 결국 윤씨는 1479년 6월 2일 폐비가 되어 사가로 쫓겨났고, 윤씨의 아들이자 성종의 장자였던 연산군의 세자 책봉이 거론되면서 폐비 윤씨는 사약을 받고 세상을 떠나게 된다.

연산군이 어머니의 폐비 과정, 그리고 죽음에 관한 이야기를 정확히 어느 시점에 알게 되었는지는 알 수 없다. 사료에 따르면 그가 이를 알게 된 것은 왕이 되고 한참이 지난 뒤의 일이었다. 훗날 간신의 대명사로 불리는 임사홍이 폐비 윤씨의 폐출과 사사 경위를 연산군에게 밀고했던 것이다.

갑자사화가 벌어졌다. 연산군은 이 기회에 어머니 윤씨의 원한을 풀고 마음에 들지 않는 신하들도 탄압할 결심을 했다. 안 그래도 '능상 짓'을 하며 왕을 능욕하는 신하들이 마음에 들지 않았던 터라 어머니를 핑계로 피의 숙청을 벌이려 한 것이다. 연산군은 폐비 윤씨의 죽음과 관련된 이들을 극형에 처했고, 이미 죽은 자들은 부관참시했으며, 할머니였던 인수대비의 병상에서 난동을 부리기까지 한다.

갑자사화는 훈구와 사림을 가리지 않았다. 그야말로 학살 그 자체였다. 자신의 생모와 관련되었다는 이유로, 이에 대해 토를 다는 모두를 숙청한다. 표면상 어머니의 원한을 갚기 위해 벌인 살육이었지만, 사실상 연산군과 그의 주변에 존재하던 몇몇 간신들이 권력을 독점하기 위해 벌인 사건이기도 했다. 연산군에게 신하는 그런 존재였다. 더불어 그에게 왕은 언제든지 스스로 마음만 먹으면 누구의 목숨도 앗아갈 수 있는, 절대 권력의 존재이기도 했다.

연산군의 찐사랑 장녹수, 그리고 왕후

연산군은 방탕과 향락에 아주 진하게 빠진 인물이었다. 알려진 것처럼 그는 전국에 채홍사를 파견해 팔도의 미녀를 곁에 두고 생활했다. 그렇게 뽑힌 여자 중 가장 예쁜 사람을 '흥청'이라고 불렀는데, 이후 이 표현은 '흥청망청'의 어원이 된다. 흥청의 규모는 약 2,000여 명이나 되었는데, 이들의 가족은 납세와 노역이 면제되기도 했다. 흥청에 들어가는 세금이 어마어마했다는 뜻이다.

연산군은 후궁과 기생만으로는 만족하지 못하고 신하들의 아내까지 은밀히 불러 간음하기도 했다. 연산군의 방탕한 생활은 왕성한 성생활을 즐긴 아버지로부터 보고 배운 것일시도 모르겠다. 왕이라면 무릇 조선 팔도의 모두를 소유할 수 있다는 믿음에 색욕까지 장착했으니, 야릇한 행동에 거침이 없었던 것이다. 아무튼 두 번의 사화와 연산군의 방탕한 생활은 결국 중종반정의 빌미를 제공한다.

그런데 중종반정으로 한양이 왈칵 뒤집혔던 바로 그때, 궁궐을 지키던 군사들까지 모두 도망을 가고 궐 안이 텅 비었을 바로 그때 연산군을 끝까지 지킨 인물이 한 명 있다. 바로 기생 출신 후궁 장녹수였다. 연산군을 때로는 어린아이같이, 때로는 노예처럼 대할 수 있었던 유일한 사람 장녹수는 모두가 연산군을 떠나갈 때도 그의 곁에 남았다. 그러나 둘의 관계가 '찐사랑'이었는지와는 무관하게 두 사람의 사랑놀이는 연산군의 실정에 기름을 부었다.

장녹수의 태생은 천했다. 예종의 둘째 아들인 제안대군의 노비였으며, 같은 노비에게 출가해 자식 하나를 둔 상태에서 기생의 길로 나섰다. 하지만 이후 궁중으로 뽑혀 들어와 연산군의 총애를 받으며 인생이 송두리째 바뀌었다. 그렇게 연산군의 사랑을 받기 시작한 장녹수는 연산군의 음탕한 삶과 비뚤어진 욕망을 부추기며 자신의 야욕을 채워 나갔다.

연상의 여인 장녹수는 그야말로 왕을 가지고 놀았다. 신하에게 그렇게까지 잔인했던 연산군이었지만, 그는 장녹수만 보면 기뻐서 어쩔 줄을 몰랐다. 할머니까지 나서서 장녹수를 멀리하라고 충고했지만 연산군은 그런 충고 따위는 들을 생각조차 하지 않았다.

종3품의 숙용에까지 올랐을 정도로 초고속으로 승진한 그녀는 권력을 남용했다. 민가를 헐어버리고 사가를 짓기도 했고, 자신보다 젊고 예쁜 여인을 시기해 가족들까지 모두 죽이기도 했다. 장녹수의 치마를 밟았다가 참형을 당하는 사람까지 생겼다.

흥미롭게도 연산군이 끝까지 믿었던 사람이 한 명 더 있다. 신하들에게 왕인 자신을 높일 때 반드시 함께 높이라고 명했던 중전 신씨였다. 신씨는 갑자사화 당시 연산군이 손에 검을 들고 자순대비를 찾아가자 이를 막아섰던 유일한 인물이었다. 연산군은 신씨의 행동에 아무 말도 없이 덤덤하게 검을 칼집에 꽂고 자순대비의 거처를 떠났다.

연산군은 신씨를 많이 아꼈다. 자주 중전의 덕을 칭찬했으며, 친히 옥책을 내리기도 했다. 왕이 왕비에게 옥책을 주는 경우는 흔치 않았다. 때문에 연산군은 옥책을 내리기 위해 그 절차를 신하와 의논까지 했을 정도였다. 실록에 따르면 중종반정 이후 신씨 또한 폐출되었는데, 이때 신씨는 연산군과 함께 가게 해달라며 매달렸다고 전해진다. 하지만 둘은 결국 각자 다른 곳에서 지내야 했고, 연산군은 죽기 직전 중전 신씨가 보고 싶다는 말만 남기고 세상을 떠나게 된다.

연산군이 지닌 의외의 순애보와는 진혀 상관없이 조선은 연산군의 폭정으로 위기에 봉착했다. 결국은 연산군의 폭정을 견디다 못한 일부 관료들은 비밀리에 회합을 거듭하며 연산군을 폐위시키려는 계획을 짜게 된다. 그리고 마침내 1506년 9월

2일, 박원종과 성희안, 유순정 등 훈구 대신들이 중심이 되어 연산군을 추방하고 그의 이복동생인 진성대군을 추대하는 중종반정이 일어난다.

반정의 선봉에 선 세 사람 중 한 명인 박원종은 연산군과 개인적인 원한 관계가 있는 인물이었다. 연산군은 자신의 큰아버지인 월산대군의 부인 박씨를 강간했는데, 박씨는 수치심을 이기지 못해 자결했다고 전해진다. 그런데 바로 이 박씨가 박원종의 누이였던 것이다. 그의 말로는 이처럼 그의 음탕함이 불러왔다. 대체 그에게 '사랑'이란 무엇이었는지 더욱 궁금해지는 대목이기도 하다.

가장 인간적인 포식자, 연산

인간이 콤플렉스를 가진다는 것은 자신의 불완전함을 보상받고 싶은 완전함에 대한 욕망이자 갈구일 것이다. 방법적으로 본다면 원초적이고 퇴행적일 수 있지만, 바로 그렇기에 그런 욕망을 거리낌 없이 표출하는 인간이 가장 인간적이라고 할 수 있지 않을까? 그가 바로 연산이다.

연산에게는 표면적으로는 두 개이지만, 결국은 하나인 콤플렉스를 발견할 수 있다. 끊임없이 정진하는 성리학적으로 완벽한 성군 아버지와 신분상승한 후궁 출신의 왕비이자 질투 끝에 폐비가 된 불완전함의 대명사 어머니가 그것이다. 절대로 동시에 존재할 수 없을 것처럼 양극단에 선 그의 두 부모는 연산에게 전체로서의 하나인 콤플렉스의 실체로 작용했다.

연산을 직시하려면 그의 아버지 성종을 봐야 한다. 연산의 콤플렉스가 성종이었다면, 성종의 콤플렉스는 그의 할아버지 세조였다. 세조가 누구인가? 성군 중의 성군, 세종의 아들 수양대군이 아닌가? 수양은 조카는 물론, 성리학적 완전체인 아버지 세종의 충신들을 처참하게 살육하고 왕위를 찬탈한 자였다. 다시 말해, 세조는 아버지의 성업을 '순삭'해버린, 성리학적 기준으로 볼 때 존재해서는 안 될 존재였던 것이다. 성종은 할아버지 세조의 악업을 지우기 위해 위선적인 페르소나라도 쓰고 살고자 했다. 세상에 자신은 수양이 아닌 가장 이상적인 성리학적 군주 세종을 이어받았음을 열성적으로 보여주려고 한 것이다.

그래서일까? (아니, 그에 따른 자연스러운 귀결이라고 생각하지만) 성종에게는 세종만큼이나 많은 후궁이 있었다. 그럼 그런 성종을 연산은 어떤 시선으로 바라보고 있었을까? 성리학적 군주의 정치적 관용이나 수행 정진과는 반대로, 아버지에게는 수많은 후궁이 있었다. 또한 그 잘난 성리학적 정치관을 수호하기 위해 자신의 어머니를 희생시킨 사람도 바로 위대한 군주 성종이었다. 연산이 본 성종은 아마도 성리학적으로 포장된 위선적인 아버지의 모습이었을 것이다.

사실 성종이 그린 성리학적 이상국가가 근본적인 한계를 가지고 있었음은 역설적으로 세조의 반反성리학적 집권 과정과 통치가 이를 증명해준다. 그토록 위대한 (세종의) 성리학적 정치 환경도 불안한 후계 속에서 한 줌도 안 되는 무뢰배들에 의해 무너졌기 때문이다. 당연히 이를 알고 있는 연산에게 성종의 정치적 행보도 순수하게 보일 리는 없었을 것이다. 결국 연산은 아버지와 아버지 왕국의 위선을 철저히 벗겨내는 방식으로 자신의 정치를 수행했다. 더불어 그는 그 행위가 도덕적으로 불완전하다는 이유로 폐출 사사된 어머니를 살리는 길이라 믿었을 것이다.

성적 포식자sexual predator는 범죄학적으로 성적 행위를 통한 착취 범죄자를 의미하며, 동시에 연쇄강간 혹은 집단강간범을 의미하기도 한다. 그러나 그 포식자가 집단적으로 권력행위를 표방했다면 그 자체로 정치가 된다. 이때 포식자는 룰 속의 범죄자가 아닌 룰 밖의 지배자를 의미한다. 성종의 성리학적 정치라는 룰은 도덕적이며 윤리적이라 평가받을 수도 있고 왕도정치라는 적합성으로 포장될 수도 있지만, 한마디로 어떤 개인에게는 비인간적이다. 그래서 아버지 성종은 위선이라는 페르소나를 썼고, 어머니 폐비 윤씨는 그 룰 속에서 철저하게 부서졌다. 그리고 결국 연산은 이 콤플렉스를 대하는 방식에서 파괴적인 성적 포식자가 되어버렸다.

아마도 연산은 오이디푸스 콤플렉스를 가졌을 것이다. 아버지와 아버지가 만든 왕국에서 볼 때, 연산은 그저 반쪽짜리 허수아비였을 테니 말이다. 자신이 완전한 군주가 되려면 자신 속의 어머니를 버려야 했지만, 아버지의 위선을 알고 있는 연산으로서는 그 방법이 무의미하며 불가능하게 느껴졌을 것이다. 그렇기에 그가 취할 수 있는 유일한 방법은 아버지의 룰을 전복하는 것이었다. 그는 성적 포식행위, 이른바 '성 정치'를 통해 군주로서 자리매김했다. 연산은 아버지처럼 되기 위해 아버지를 지워냈다. 또한 어머니처럼 되지 않기 위해 어머니를 끊임없이 되살렸다. 연산에게 '채홍사'는 아버지가 준 힘으로 어머니를 되살린 도구였다.

그래서 역설적이게도 연산의 가장 구체적인 실체는 '소박한 가장'이었을 것이다. 연산에게 녹수와 왕비 신씨는 동전의 양면이다. 포식자로서의 퇴행적인 성적 놀음이라는 권력 행위 뒤에는, 이상적인 부인이자 어머니로서의 신씨와 현실적인 성적 대상이자 가릴 것 없는 성숙한 녹수라는 두 여성이 있다. 아가페와 플라토닉 러브가 공존했을 것이다. 그래서 (이상하게 여길 수도 있지만) 그 또한 당연하게도 근엄한 아버지이자 시아버지였다. 연산이 꿈꾸었던 안정감을 느끼게 해준 완벽한 무언기는 결국 신씨와 녹수, 세자, 세자빈이었을 것이다.

그들 모두 연산을 배신하지 않았고, 연산도 그들 모두를 버리지 않았다.

연산과 법치, 죽음으로서만 심판받을 수 있던 자의 죽음

MBC <100분 토론>은 오늘날 우리 시대를 대표하는 토론 프로그램으로 자리 잡고 있다. 그동안 수많은 진행자와 패널이 거쳐 갔고, 때로는 출연 자체가 자부심이 되기도 했다. 심지어 한동안은 간단한 질문을 하는 시민 방청객도 일종의 선발 과정을 거쳤으며, 그 질문의 농도와 시의적절함이 좋은 평가를 받는 경우에 한해 몇 회를 연속해서 출연할 수 있는 '기회'가 주어지기도 했다. 이런 프로그램이 레전드 장면을 남기지 않았을 리도 없다. <100분 토론>하면 제일 먼저 생각나는 사람 중 한 명인 유시민 작가는 나경원 전 의원과의 토론 당시 이런 말을 남겼다.

"국민에게 법 지키라고 하는 게 법치가 아니고, 권력자가 헌법과 법률에 따라서 나라를 운영하고 국민을 통치하는 것이 법치주의다."

그렇다. 법은 국민을 보호하기 위해 만들어졌으며, 법률을 준수하는 것은 국민과 동시에 권력자의 의무이기도 하다. 권력자가 누군가의 관직을 함부로 빼앗고 유배를 보내거나 죽일 수 없고, 오로지 법률에 따라서만 움직일 수 있는 것이 바로 법치주의다.

그럼 법치주의가 적용되지 않던 시절, 절대 권력을 가진 왕이 스스로를 멈춰 세울 수 있는 방법으로는 무엇이 있었을까? 첫째는 완벽한 각성이요, 둘째는 죽음이다. 그런데 완벽한 각성은 어려운 일이다. 절대 권력을 가진 왕이라면 더욱 그렇다. 어느 누구도 그에게 듣기 거북한 말을 하려 하지 않기 때문이다. 하물며 연산군 같은 '폭군'이라면 어땠을까? 신하와 백성들은 그저 자신이 죽임 당하지 않기를 바라며 벌벌 떨기만을 반복했을 것이다. 그렇기에 연산은 두 번째 방법, 즉 '죽음'으로만 멈출 수 있었던 것이다.

더불어 성공한 왕이었던 아버지와 어머니에 대한 콤플렉스는 연산군이 '그럴 수밖에' 없었던 이유 혹은 안타까운 사연이 될 수 있었을까? 물론 그렇지 않다. 현대 사회에서 그런 이유와 사연은 절대로 정치적 행위의 이유가 되지 못하기 때문이다. 결과적으로 연산군이 연산군으로 끝날 수밖에 없었던 궁극적인 이유는 '법치'가 없었기 때문이었다. 과거의 왕이라도, 현대의 대통령이라도 어떤 결정을 내리는 순간에는 사적 감정이 개입되게 마련이다. 그들 역시 사람이기 때문이다. 하지만 감정만으로 누군가를 핍박하거나 형벌을 가하는 행위는 과거에만 일어날 수 있는 일이다. 요즘 사회에 어떤 대통령이 그저 '내가 싫다'는 이유만으로 누군가를 억압하거나 압수수색하고 몰아세울 수 있을까?

연산군이 연산군으로 끝날 수밖에 없었던 또 다른 이유로는 '임기'의 차이를 들 수 있다. 오늘날 모든 권력에는 임기라는 제약이 걸려 있다. 하지만 왕은 죽지 않는 이상, 그 임기가 끝나는 경우가 거의 없었다. 권력의 암투에 밀려 상왕이 되거나 스스로 살아생전에 권력을 물려주어 왕의 자리에서 물러날 때도 있었지만, 이런 경우는 극히 일부에 불과했을 뿐이다.

조선시대의 왕은 죽음이 아니고서는 그 무엇도 멈출 수 없는 구조 속에 살았다. 이는 연산군이 자신의 폭력성과 악랄함을 죽기 전까지 버릴 수 없었던 이유이기도 하다. 우리는 연산군의 악랄함과 마주하며, 현대 사회의 법치주의와 임기라는 제도의 중요성을 다시금 되새길 수밖에 없다. 권력이 결코 무한하지 않으며 그 끝이 있음을 알고 있을 때, 그 힘을 보다 올바르게 사용하는 이들이 생겨날 수 있기 때문이다.

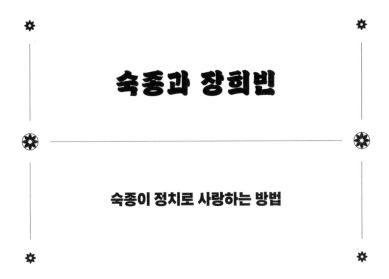

숙종과 장희빈

숙종이 정치로 사랑하는 방법

조선이 정치가 꽃피던 시절

조선이 망한 이유를 붕당이라는 정치 행위에서 찾은 시절이 있었다. 쉽게 말하면 '조선인들끼리 서로 싸우다가 나라를 망쳐 먹었다'는 것이다. 소위 식민사관 중 '당파성론'으로 불리는 논리였다. 물론 이는 억지스러운 주장이며, 다분히 결과론적인 해석이다. 외려 조선의 운명이 기울어지기 시작했던 시점은 붕당 시스템이 소멸해 일당 독재 현상이 나타나던 시점이다. 붕당 간의 정치 경쟁이 사라지면서 조선이 흔들리기 시작했다는 말이다.

조선의 당쟁은 지극히 자연스러운 현상이었으며, 어느 나라에나 있는 나름의 정치적 경쟁이었다. 각 붕당 사이의 논쟁은 '조선을 어떻게 발전시켜 나갈 것인가'를 두고 벌어졌으며, 각자의 논리는 모두 성리학에 바탕에 두고 있었다. 각 붕당은 같은 성리학적 사고 속에서도 국가운영 방식에 대한 다양한 이론적 경쟁을 했다. 마치 지금의 대한민국 정치계가 같은 민주주의와 자본주의를 바탕에 두고 있으면서도, 서로 다른 의견으로 경쟁하는 것처럼 말이다.

한편, 붕당 간의 상호 정쟁이 가장 활발히 전개되었던 시절이 있다. 이 글의 주인공인 숙종(肅宗, 1674-1720)이 즉위하기 직전, 그러니까 현종(顯宗, 1641-1674) 때 벌어진 예송논쟁 시절이다. 현종의 할아버지인 인조(仁祖, 1595-1649)는 장남이었던 소현세자가 죽자 자신의 뒤를 이을 세자로 봉림대군을 선택한다. 그가 바로 효종(孝宗, 1619-1659)이다. 문제는 효종이 차남이었다는 사실로부터 시작된다.

당시 정계는 서인을 대표하는 산림인 송시열, 남인을 대표하는 산림인 윤휴 등이 정계에 영향력을 행사하던 시절이었다. 예송논쟁은 바로 이 두 세력, 서인과 남인 사이에서 벌어진 정치 논쟁이었다. 당시 인조반정을 주도하며 정계를 장악한 서인은 인조와 자신들의 집권 정당성을 재조지은再造之恩과 소중화小中

華 사상에 찾았다. 당시 효종이 주장했던 북벌론은 군사 작전이 아니라, 오랑캐에 의해 유린당한 조선 사회의 자존심을 회복하는 것에 그 목적이 있었다.

그런데 효종이 사망하고 그의 외아들 현종이 즉위하면서 조선 사회를 뒤흔드는 거대한 문제가 터진다. 바로 효종의 장례식 당시까지 살아있던 인조의 계비 장렬왕후의 상복 문제였다. 더 정확히는 효종의 서모인 장렬왕후가 상복을 몇 년간 입어야 하는지를 두고 두 붕당의 논쟁이 시작된 것이다.

서인은 효종이 인조의 차남인 점을 들어 1년 상을 주장한다. 당시 서인의 정치적 스승이었던 송시열은 사대부 집안의 예법과 의례에 관한 책인『주자가례朱子家禮』의 내용을 강조하면서 왕실 예법에도 예외는 있을 수 없다고 주장했다. 반면 당시 정국 운영에 있어 소수에 속했던 남인은 왕실과 사대부 예법은 다르다는 것을 강조하며 장렬왕후의 복상 기간을 3년으로 주장한다.

1659년에 벌어진 이 사건을 우리는 흔히 '기해예송'이라 부른다. 결과는 서인의 승리, 그러니까 '1년 설'이 채택된다. 효종은 왕으로 죽었지만, 그에 앞서 차남이었음이 공식적으로 인정된 것이다. 더불어 사대부와 왕실의 예법이 차이가 있을 수 없음을 공인했다는 측면에서 당시 왕이었던 현종은 정치적인 부담을 받을 수밖에 없었다. 자존심이 상했다는 말이다.

그리고 얼마 뒤인 1674년, 현종의 모친인 인선왕후가 승하하자 같은 논쟁이 다시 시작된다. 장렬왕후가 여전히 살아있었기 때문이다. 서인은 효종의 사례를 들며 9개월 설을 주장했고, 남인은 1년 설을 주장한다. 그런데 이때, 현종은 기해예송 때의 결과를 뒤집고 남인의 손을 들어준다. 이를 '갑인예송'이라 부른다. 이는 현종이 그간의 정치운영을 통해 나름 왕권을 세웠음을 뜻하며, 이를 통해 양 붕당 사이에서 자신의 목소리를 낼 수 있게 되었음을 의미하기도 한다.

지금의 우리가 당대의 예송논쟁을 살펴보면, 황당하다고 생각할지도 모른다. 무슨 예법 논쟁을 두 번이나, 이토록 치열하게 한단 말인가. 소모적으로 비칠지도 모르는 당대의 논쟁은 사실 각 붕당이 상정한 예법을 통해 사회와 국가를 어떻게 구성하고 유지할 것인가를 보여주는 것이었다. 당시 사람들에게 '왕이라는 존재를 어떻게 바라볼 것인가'라는 문제는 국가운영의 핵심 원리가 무엇인지 묻는 것과도 같았고, 국정 운영의 최종 책임자인 국왕이 이를 어떻게 받아들였는지는 곧 조선이라는 나라가 어떤 정치를 지향하려 했는지 보여주는 척도이기도 했기 때문이다.

그만큼 붕당 간의 경쟁은 조선의 정치 시스템 그 자체였다. 그런데 갑인예송이 일어나고 두 달 뒤 현종이 승하하고, 뒤를 이어 현종의 맏아들 숙종이 어린 나이로 즉위하게 되었다. 숙종은 효종과 현종을 잇는 적장자였다. 조선 초, 세종-문종-단종이라는 적장자 원칙이 세워진 이래 실로 오랜만에 왕실의 정통성을 갖춘 왕이 탄생한 것이다. 하지만 흥미롭게도 그 순간 조선은 거대한 정치적 변화를 예고하게 된다.

한 성깔 했던 그 사람, 숙종

숙종은 태생부터 남다른 정통성을 타고난 왕이었다. 아버지인 현종도 할아버지인 효종의 외아들이었으며, 자신도 정실 소생의 고명 아들이었다. 정통성만 놓고 따졌을 때는 조선에서 가장 확실한 권위를 타고난 왕이었다. 유일한 정치적 라이벌이라고 한다면, 친어머니인 명성왕후 정도가 있었을까? 당시 숙종을 견제할 수 있는 사람은 아무도 없었다. 그렇기에 14살이란 어린 나이에 왕이 되었음에도 숙종은 수렴청정 없이 직접 정치를 시작한다.

　워낙 정통성이 강력했기 때문인지 아니면 타고난 성품이 그랬는지는 알 수 없지만, 숙종은 어린 시절부터 매우 불같은 성격이었다. 오죽했으면 그의 어머니 명성왕후 김씨조차 숙종을 평하며 "세자는 내 배로 낳았지만, 그 성질이 아침에 다르고 점심에 다르고 저녁에 다르니, 나로서는 감당할 수가 없다"고 말할 정도였다.

그의 불같은 성격은 '왕의 노여움이 폭발하고 점차로 번뇌가 심해져, 입에는 꾸짖는 말(욕설)이 끊이지 않았고, 밤이면 또 잠들지 못하다, 마음이 답답하고 숨쉬기가 곤란할 정도로 번뇌가 심했다'라는 실록에서의 표현을 통해서도 확인할 수 있다. 게다가 "나의 화증火症이 뿌리 내린 지 이미 오래"라거나 "오랜 시간 동안 일을 하면 화염이 위로 올라 비록 한겨울이라도 손에서 부채를 놓을 수가 없다"는 숙종 스스로의 진단을 통해서도 대강 확인이 가능하다.

문제는 조선이라는 나라의 시스템 안에서 최종 결재권자인 국왕의 성격이 이렇듯 불같을 때 생기는 여러 부작용이다. 숙종과 비슷하게 (흠결 없는 적장자라는) 정통성을 바탕으로 불같은 성격을 가졌던 임금이 바로 앞서 살펴본 연산군이었음을 상기해보자. 국왕의 성격이 조선이라는 나라의 운명을 어떻게 바꿔놓았는지 쉽게 확인할 수 있는 사례다.

그런데 숙종은 스스로의 불같은 성격을 사적으로 활용했다기보다는, 공적으로 치환했다고 표현하는 것이 좋을 것 같다. 그가 왕으로 있는 동안 이룬 성과들만 봐도 그렇다. 이전까지 경기와 충청도, 전라도 등 일부 지역에서만 시행되던 대동법을 전국으로 확대했고, 상평통보를 발행하고 역사상 처음으로 화폐 유통에 성공하여 상업을 통한 경제 발달을 촉진하기도 했다. 게다가 금위영과 훈련도감을 설치해 병자호란 이후 무너진 군사제도를 손보기도 했다.

이토록 빛나는 그의 성과 속에는 숙종만의 정치방식이 자리 잡고 있었다. 바로 환국換局, 즉 정치적 국면의 전환이었다. 환국은 국왕이 국정을 운영할 때 함께 손잡을 붕당을 국면에 따라 손바닥 뒤집듯 교체하고, 이를 통해 국가의 정책과 인사를 급격히 변화시키는 행동을 말한다. 더욱 큰 문제는 이 환국이라는 정치 행위에 숙종이 덧입힌 정당성이 '사랑'이었다는 점이다.

이제부터 살펴볼 희빈禧嬪 장씨와 인현왕후의 사랑 이야기도 바로 이 '환국'과 관 련된 고도의 정치행위였다. 더 정확히는 숙종 대에 일어난 세 차례의 중심 사건이었던 경신환국(1680년), 기사환국(1689년), 갑술환국(1694년)과 이에 얽힌 사랑 이야기이다.

인현왕후와 장희빈이 궁으로 들어오던 닐

숙종이 즉위한 바로 그때, 정국은 1674년에 일어난 갑인예송의 승리로 남인이 조정의 정권을 장악한 상태였다. 당시 숙종은 어린 나이였기에 현종 시절의 신하들이 여전히 권력을 쥐고 있었다. 남인의 리더인 영의정 허적과 외척인 병조판서 김석주를 중심으로 정국 운영이 운영되고 있었던 것이다.

그러던 1680년, 숙종이 즉위하고 6년이 지났을 때의 일이다. 허적이 사고를 쳤다. 자신의 조부 허잠이 나라로부터 시호를 받은 것을 기념해 잔치를 열었는데, 당일 비가 내리자 궁궐의 기름 먹인 천막을 무단으로 가져다 사용한 것이다. 때마침 숙종도 비가 오자 허적이 잔치를 벌인다고 했던 일이 생각이 났고, 잔칫집에 천막을 가져다주라고 지시했다. 허적이 왕의 허가도 없이 궁궐의 물품을 가져다 썼다는 말을 들은 숙종은 대노한다.

더불어 이때 허적의 서자 허견이 인조의 손자이며 인평대군의 세 아들인 복창군, 복선군, 복평군과 함께 역모를 도모했다는 이른바 '삼복의 변'이 일어나게 되었다. 주요 관직은 대거 교체되었고, 이와 연루된 다수의 남인과 종친은 사형을 받거나 사사되는 일이 벌어진다. 당연히 남인의 빈자리는 서인이 채웠고, 서인을 이끌던 송시열도 다시 정계로 복귀하게 된다. 첫 번째 환국, 경신환국이 일어난 것이다.

바로 이 무렵, 숙종의 첫 번째 왕후였던 인경왕후가 별세하자 새로운 왕후를 찾는 과정에서 인현왕후가 등장한다. 그는 서인 출신 가문의 여인이었다. 권력의 교체와 함께 왕후까지 서인 가문 출신으로 채워진 것이다. 서인은 국혼과 함께 조정의 주요 관직을 대부분 장악하게 되었고, 10년에 가까운 장기 집권을 시작하게 되었다.

15살의 어린 나이에 궁에 들어온 인현왕후는 시할머니였던 대왕대비 장렬왕후 조씨와 시어머니 명성왕후 김씨를 살뜰히 모시며 사랑을 받았다. 그런데 고부 관계의 핵심에도 정치가 있었다. 그들 사이의 정치적 배경이 같았기 때문이다. 즉, 이들은 모두 서인 집안이었던 것이다. 인현왕후는 시어머니의 든든한 총애와 조정의 권력의 장악한 친정집 가문을 배경 삼아 숙종과의 알콩달콩 결혼생활을 꿈꾸게 된다.

하지만 인현왕후의 꿈은 고작 3년 만에 금이 가기 시작한다. 시어머니 명성왕후가 죽으면서다. 명성왕후의 3년 상이 끝나자 궁궐은 요동치기 시작했다. 숙종의 진정한 첫사랑, 장옥정이 다시 입궁했기 때문이다. 여기서 의문이 생길 수 있겠다. '다시' 들어왔다면, 숙종과 장옥정 사이에 이미 안면이 있었다는 뜻이 아니겠는가 말이다.

『숙종실록』에 따르면 장옥정은 이미 오래전 나인으로 입궁한 적이 있었다. 언제, 어떤 배경으로 궁에 들어올 수 있었는지는 확실치 않지만, '머리를 따 올릴 때부터' 궁에서 생활을 했던 것은 분명하다. 장옥정은 궁에 입궐하자마자 숙종과 사랑을 시작했다. 그리고 숙종의 첫 번째 왕후였던 인경왕후가 승하했던 그해, 처음 숙종으로부터 은총을 받았다. 하지만 명성왕후는 아들과 장옥정의 사랑을 보고만 있지 않았다. 이유는 명확하지 않지만 그녀가 보잘 것 없는 가문 출신이거나, 뒷배에 남인이 존재했기 때문으로 여겨진다.

궁에서 쫓겨났던 장옥정은 명성왕후가 죽자 다시 궁으로 들어온다. 장옥정은 얼마 뒤 정2품에 해당하는 소의昭儀로 승급하며 궁궐에서의 권력을 조금씩 확장해나간다. 장옥정을 향한 숙종의 사랑이 커가는 만큼, 장옥정에게 배팅했던 세력이었던 남인의 권력도 차츰 회복되는 듯했다.

특히 장옥정의 오빠 장희재는 남인과의 관계를 끈끈하게 하며 서인 세력과 대척점에 서게 된다. 사실 장옥정의 가계와 남인 사이에는 숙부였던 역관 장현이 있었다. 역관은 조선이라는 나라에서 중인 신분에 불과했지만, 아마도 장현은 상당한 부를 축적한 인물이었던 것으로 추측된다. 장현은 부를 매개로 남인과 연결되어 권력까지 꿈꿨던 인물이었다. 장현은 그의 조카였던 장옥정을 궁에 입궐시켜 숙종의 사랑을 받도록 판을 짰고, 결과적으로 그의 정치적 배팅은 크게 성공했다.

그리고 숙종 14년이었던 1688년, 장옥정이 권력의 정점에 설 수 있게 된 가장 중요한 일이 에 벌어진다. 바로 왕자 윤(昀. 훗날 경종)을 낳은 것이다. 이듬해 1월, 왕자는 원자가 되었고 장옥정은 정1품에 해당하는 희빈에 책봉된다. 비로소 장희빈이 탄생하는 순간이었다.

정치를 그대 품 안에

장희빈이 왕자를 낳자, 조정의 권력 추는 남인에게로 조금씩 기울기 시작했다. 권력 관계의 거대한 변화는 숙종이 장희빈이 낳은 아들을 원자로 정하고, 이를 넘어 세자로 책봉하는 과정에서 벌어진다. 장희빈이 낳은 아들을 세자로 책봉한다는 건 서인에게는 엄청난 정치적 부담이었다. 당연히 서인은 이를 강력히 반대한다. 서인이 들고 나온 이유는 그럴싸했다. 숙종과 왕비였던 인현왕후가 아직 젊어 충분히 왕자를 낳을 수 있다는 것이었다. 하지만 서인의 반대에는 장희빈의 정치적 배후인 남인을 견제하려는 의도가 더욱 컸다.

숙종은 기다림 끝에 태어난 아들에 대한 사랑의 표현을 주저하지 않았다. 더 정확히는 아들의 앞길을 막는 서인의 '경거망동'을 좌시하지 않았다. 경신환국에 버금갈 대대적인 숙청을 단행한 것이다. 1689년 기사환국의 시작이었다. 서인의 좌장이었던 송시열이 관직을 삭탈 당했고, 곧 사사되었다. 당연히 서인 출신의 주요 관료들도 사사되거나 처벌되었으며, 정국의 주도권은 자연스레 남인이 거머쥐게 되었다.

장희빈이 낳은 아들이 원자가 되자, 왕실 내에서 장희빈의 권위도 자연히 올라갔다. 이는 상대적으로 인현왕후의 위치가 흔들림을 의미했다. 불같은 성격의 숙종에게 아들을 낳지 못한 왕후, 게다가 금쪽같은 아들을 낳은 장희빈을 투기한 여인(정말 투기했는지와는 별개로)은 그 자체로 죄인이었다. 인현왕후는 곧 폐출되었고, 나흘 뒤 희빈은 왕비의 자리에 앉는다. 정치를 등에 업고 궁에 입궐한 장옥정이었지만, 끝내 사랑을 통해 정치적 권력까지 장악하게 된 것이다.

사랑과 정치가 얽히고설킨 흥미로운 '활극'은 여기서 끝이 아니었다. 마지막 환국이 남아 있기 때문이다. 숙종이 벌인 정치권력 뒤집기의 클라이맥스는 그로부터 5년 뒤, 1694년 갑술환국에서 벌어진다. 두 번의 환국으로 권력을 장악한 남인은 사실상 국왕의 뜻에 순종하는 자세로 일관하고 있었다. 나라의 중대사안을 두고 벌어졌던 붕당 간의 정치 경쟁은 사라졌고, 오직 신하들이 할 수 있는 일이라곤 국왕의 의중을 살피는 일이었다.

숙종의 사랑놀이도 여전히 끝나지 않았다. 정치만큼 사랑에도 정열적이었던 숙종은 왕후가 된 장옥정을 대신해 아리따운 무수리 최씨와 사랑에 빠진다. 그리고 곧 숙종과 최씨 사이에 아이가 생겼다. 아이는 태어나자마자 세상을 떠났지만, 숙종은 자신의 아들을 낳아준 최씨를 곧 종4품에 해당하는 숙원으로 책봉한다. 이후에도 둘의 사랑은 꽤 끈끈하게 이어졌다. 이미 중전이 된 장옥정이었지만, 최씨와 숙종의 사랑은 옛 시절 인현왕후의 존재만큼이나 거슬리는 일이었다. 곧 질투가 시작되었고, 사랑에 눈이 먼 숙종은 중전 장씨의 질투가 못내 마음에 걸리기 시작했다.

얼마 뒤, 중전 장씨의 오빠 장희재가 숙원 최씨를 독살하려고 했다는 고변이 올라온다. 조정은 다시 뒤집힌다. 남인들은 관직에서 쫓겨나거나 처벌받기 시작했고, 다시 그 자리는 서인으로 채워졌다. 이 과정에서 중전의 교체도 이루어졌다. 장옥정은 다시 희빈으로 강등되었고, 인현왕후가 중전으로 복귀하는 일이 벌어졌다. 다시 어렵게 권력을 장악한 서인에게 인현왕후의 존재는 대단히 컸다. 게다가 당시 숙종의 총애를 받고 있던 숙원 최씨는 인현왕후를 섬기며 궁 생활을 했던 인물이었다. 둘의 관계가 얼마나 끈끈했는지는 알 수 없으나, 장옥정의 빈자리에 인현왕후가 다시 앉았다는 사실로 미루어볼 때 대강의 관계는 추측이 가능하다고 할 수 있겠다.

세 번째 환국이 마무리되었다. 장옥정은 희빈으로 강등되어 별당으로 쫓겨났고, 그의 집안과 남인은 완전히 몰락한다. 숙종과의 사랑으로 권력을 잡았지만, 숙종의 새로운 사랑이 시작되며 권력 또한 모래성처럼 무너진 것이다.

갑술환국이 벌어졌던 그 해에 숙원 최씨는 왕자(뒤의 영조)를 출산하고 곧 숙빈이 된다. 자연스럽게 장옥정의 정치적 입지는 점점 더 줄어들 수밖에 없었다. 그로부터 7년 뒤인 1701년에 인현왕후가 승하했는데, 장옥정이 신당을 설치하고 왕비가 죽기를 기도했다는 소문이 궁월 내에 도는 일이 벌어지게 된다. 소문을 들은 숙종은 크게 분노했다. 그는 곧 장옥정에게 자진自盡, 즉 스스로 목숨을 끊으라는 명령을 내린다. 그렇게 장옥정은 남인의 정치적 추락과 함께 목숨까지 잃게 된다.

환국이 뒤바꾼 조선의 정치 생태계

장옥정이 세상을 떠난 뒤, 조정은 서인이 장악하게 되었다. 일부 남인이 남아 있기는 했지만, 이들은 결코 이후 조선 정치권력에서 핵심 세력으로 홀로 서지는 못했다. 사실상 서인이 독점적인 권력을 장악하는 형태였다. 물론 그렇다고 평화가 이어진 것은 아니었다. 남인의 처벌을 두고 강경파인 노론과 온건파인 소론으로 나뉘었기 때문이다.

하지만 노론과 소론의 갈등은 성리학적 이론을 바탕에 둔 경쟁이거나, 조선이라는 나라의 정책운영 아젠다를 놓고 벌어진 일은 아니었다. 환국으로 조선 중기 이후 조선의 정치 시스템 그 자체였던 붕당정치는 소멸한 것이나 마찬가지였다. 붕당 간 경쟁에서 최종 승리한 서인은 그저 시류에 따라 노론과 소론으로, 시파와 벽파 따위로 갈라져 자신들의 이권을 장악하는 데에만 급급했다.

숙종 시기에 벌어진 환국을 어떻게 평가해야 할 것인가는 대단히 복잡한 문제다. 단순히 사랑문제였다거나 숙종의 태생적인 기질로 인해 벌어진 해프닝으로만 바라보기에는 이후 조선의 정치 시스템에 미친 영향이 대단히 파괴적이었기 때문이다.

국왕에게 권력이 집중되면서 영조와 정조라는 걸출한 성군을 낳기도 했지만, 사실상 이는 시스템의 붕괴에 따른 특수한 결과였다. 영조와 정조라는 독특하고 강력한 국왕권이 무너지며 시스템을 잃은 조선은 곧 세도정치라 불리는 왕실 외척세력에 의한 비정상적 정치로 치닫게 된다.

사랑을 도구로 권력을 취한
소시오패스, 숙종

변덕스럽고 자기중심적인 숙종은 전형적인 소시오패스다. 더구나 숙종과 같은 경우는 자기애적 성격장애와 히스테리적 성격장애를 동시에 가지는데, 딱 한마디로 표현하자면 천상천하유아독존의 사례이다. 그러나 이 지점에서 절대 오해하지는 말길! 소시오패스라는 것은 성격 혹은 인격의 특징을 이야기하는 것이지, 그의 선악 여부를 평가하거나 정신병에 걸려 미쳤다는 뜻은 아니니 말이다. 주지하듯이 자본주의 시스템에서 성공한 CEO의 3분의 1이 소시오패스라는 말이 널리 받아들여지고 있을 정도라면, 반드시 소시오패스라고 해서 악당이라는 색안경을 끼고 볼 필요는 없다. 그만큼 성과 중심적이라는 의미라면 더욱 그러하다. 특히 언제라도 자신을 제거할 수 있는 막강한 반대파들이 존재하는 살벌한 정치 공간에서는 오히려 소시오패스가 더 적합할 수도 있을 것이다. 동서고금을 막론하고 누구도 신뢰할 수 없는 고독한 군주의 자리에서 사람 좋은 인격자가 성군일 수 있었을까? 애당초 그런 자는 마치 문종이나 인종처럼 초장에 (정치적으로) 제거되었을지 모른다고 보면 무리일까?

서인은 쿠데타로 집권한 세력이다. 인조와 효종, 현종을 거치며 일부 남인들과 공존했지만, 중심에는 늘 서인이 있었다. 그러나 갑인예송에서 지면서 서인들은 주요 관직을 남인에게 넘겨주고 말았다. 인간으로서의 왕의 심중을 읽지 못해 한순간에 정권을 잃은 서인은 절치부심 기회만 노리고 있었다. 숙종은 14살에 즉위했다. 원래라면 서인이라는 뒷배를 가진 모후의 수렴청정이 이루어져야 했을 것이다. 하지만 남인 권력이 그것을 인정했을 리 없기에 불안정한 친정으로 왕위를 시작했을 것이다. 권력을 횡재한 기고만장 남인과 권토중래 서인 사이에서 숙종은 무슨 생각을 했을까? 무후의 뒷배인 서인을 정치적 동지로 여겼을까?

숙종의 성격이 불같았다고 한다. 속칭 지랄병이라고 하는 히스테리를 부렸다고 하는데 혹시 이는 소시오패스 고도의 생존전략이 아니었을까? 만약 숙종이 유순했다면 그는 역사에서 살아남을 수 있었을까? 숙종은 (효종의 외아들인 현종의) 정실 소생의 고명 아들이었다. 그 의미는 연산 못지않게 타고난 정통성을 가진다는 의미이지만, 다른 의미로 신뢰할 수 있는 남자 어른(중요한 타자)이 없음을 뜻하기도 한다. 그 자체로 자기애가 강하게 형성되기도 하지만 타인에 대한 극심한 불신도 수반한다. 그래서 자기애와 히스테리가 공존하는 것이다.

로얄 중에 로얄 패밀리인 숙종이 역관 집안의 희빈 장씨나 무수리 출신 숙빈 최씨와 사랑에 빠진 것을 두고 누군가는 순종 유전자가 잡종 유전자에 더 끌리는 이른바 '잡종강세 유전법칙'을 통해 설명하기도 한다. 하지만 그보다는 자신의 존재를 감히 넘볼 수 없는 존재와 도구적 사랑을 했다고 하는 것이 더 타당한 설명일 수 있다.

즉위 6년차에 일어난 경신환국은 숙종의 실질적인 직접 통치를 위한 친위 쿠데타와 서인에 의한 쿠데타의 성격을 동시에 가진다. 그러나 이후 서인은 권력분점을 요구하며 숙종을 압박했고, 두려움을 느끼며 기회를 엿보던 숙종은 당시 청나라와의 무역을 통해 막대한 경제력을 얻은 중인 집단(과 그 대리인으로서의 남인)을 자신의 우군으로 삼아 서인을 견제하고자 했다.

이렇게 벌어진 사건이 바로 기사환국(1689)이다. 숙종은 이를 통해 서인으로 대표되는 사족을 견제할 수 있는 대동법 전국 실시라는 성과를 얻어냈고, 상평통보의 유통 확대를 통해 국가의 파이를 키우는 경제적 성장을 도모했으며, 금위영과 훈련도감을 설치하여 사족으로부터 군권을 회수했다. 중세적 절대 왕권의 기틀을 마련하게 되었던 것이다. 기사환국의 배경에는 희빈 장씨와 관련된 중인 세력과 남인들이 있었다.

만약 이대로 중인들이 계급적으로 힘을 얻었다면 조선은 영국이나 프랑스의 길을 갈 수도 있었을 것이다. 하지만 이후 숙종은 세력 균형을 맞춘다는 명분으로 또 다시 갑술환국을 일으켰고, 결과적으로 붕당의 균형에 의한 정치가 아닌 절대 존엄의 마리오네트에 의한 정치체제를 완성시키고 말았다.

정치체제의 변화는 이른바 엘리트의 태도 변화를 낳았다. 더 이상 왕과 관료 사이에 건전한 정치가 남아있지 않았기 때문이다. 왕은 이제 통제되어야 하는 대상 혹은 제거되어야 할 대상에 불과했다. 이에 대한 반작용도 나타났다. 왕 혹은 왕후 집단이 자신의 후계자를 결점 없는 존재로 만들기 위해 무리하기 시작한 것이다. 당연히 부작용이 뒤따랐다. 대표적인 예가 '사도세자'에 관한 비극이다. 무수리의 아들이었던 영조는 자신의 콤플렉스를 극복하기 위해 아들 사도를 쥐어짰다. 그리고 그 결과 아들을 죽음에 내몰고 말았다. 결과적으로 성군이라 불리는 정조가 후계를 이었지만, 이때의 치세는 시스템이 아닌 개인의 역량에 의한 것이었다는 점에서 명확한 한계를 지니고 있었다.

숙종은 그 자체로 조선 후기 정치의 시작이자 종말이다. 그는 영국의 헨리 8세와 비교될 수 있다. 헨리 8세는 대영제국의 기틀을 마련했지만 후계가 없었다. 그러나 그는 영국 해군의 기틀을 다졌고, 왕국 번영의 토대를 마련했다. 시스템을 완성한 것이다. 반대로 숙종에게는 후계가 있었다. 그 덕에 그의 왕조는 100여 년 더 번성했지만, 무너진 시스템은 다시 회복되지 않았다. 역사에 있어서 이러한 단순비교는 심각한 오류를 가져오기도 하지만, 오류를 넘어 전해주는 무언가가 있다.

아전인수 속의
가짜 논쟁

지금 아무 포털 사이트나 들어가서 '열린 국회 정보'를 검색해보자. 하나의 사이트가 나오는 것을 확인 할 수 있을 것이다. 클릭해서 들어가 보면 검색어였던 열린 국회 정보라는 단어 아래 '정보 공개 포털'이라는 내용이 적혀 있다. 말마따나 열린 국회 정보에는 그동안 궁금했던 국회의 주요 사안들이 모두 공개되어 있다. 심지어 국회의원의 월급도 정확히 확인할 수 있다. 대체 얼마나 받냐고? 당연히 모두의 예상대로 많이 받는다. 대한민국 국회의원의 월급은 수당과 경비로 나뉜다. 수당에는 매월 지급되는 일반 수당과 관리 업무 수당, 정액 급식비가 포함되어 있고, 매년 1월과 7월에 지급되는 정근 수당, 설과 추석에 지급되는 명절 휴가비도 있다. 경비에는 매월 지급되는 입법 활동비와 특별 활동비가 포함되어 있다. 그러니까 연간 총액은 2023년 기준으로 154,362,460원이고, 월 평균액은 12,855,280원이다. 연봉은 1억 5,000만 원이 조금 넘고, 월급은 약 1,200만 원대인 것이다.

대한민국의 정당은 정치인을 양성하고, 다수의 국회의원을 배출하며, 정권 창출을 이뤄내기 위해서 최선을 다한다. 정당마다 주요 정책이 다르고, 지향하는 국가 발전 방향도 다르다. 따라서 다른 생각을 가진 정치인들이 탄생할 수밖에 없다. 그나마 다행인 것은 우리가 정치와 정치인에 관한 많은 정보를 나름(?) 투명하게 확인할 수 있다는 것이다. 앞서 언급한 열린 국회 정보를 통해 그들의 월급을 포함한 각종 정보를 찾아볼 수도 있고, 각 정치인이 사안별로 가진 생각이나 입장을 정견 발표 혹은 기자회견을 통해서 알 수도 있다. 나아가 우리는 각종 시사 프로그램과 팟캐스트, 유튜브, SNS 등 여러 수단을 통해 그들의 말과 행동에 숨겨진 의도를 유추하거나 분석해 보기도 한다.

그럼 우리가 앞서 살펴본 조선시대는 어땠을까? 그 시대를 살아간 사람들에게 당연히 이런 일은 상상하기 어려웠다. 니라를 이끈 정치인들이 각자 그럴듯한 명분을 내세워 제 잇속을 챙기려는 진짜 의도를 숨겼기 때문이다. 그들의 정치는 이런 식으로 진행되었다. 우선 한 쪽에서 "너희가 그렇게 주장하는 이유가 결국은 마음대로

정국을 수도하려는 의노 아니야!"라며 공격한다. 그림 반대쪽에시
는 "어디 감히, 그런 망발을 할 수 있는가! 성리학의 원리와 법도에
따라서 당연히 이렇게 될 수밖에 없는 것을 모르는가? 근본 없는
것들!"이라며 또다른 공격을 시작한다. 이 지리한 과정 속에서 정
치의 실제 수혜자가 되어야 할 백성은 사라진다. 그저 둘로 나뉘어
'이쪽이냐? 혹은 저쪽이냐'를 두고 다투는 극단적 이분법만 남기
때문이다.

도대체 왜 이런 문제가 생겼을까? 바로 구조와 제도의 차이 때문이다. 우선 현대의 정치를 살펴보자. 오늘날의 정치인들에게는 '임기'가 있다. 임기가 끝날 무렵, 이들에게는 두 가지 선택지가 제시된다. 한 번 더 도전할 것이냐 혹은 은퇴할 것이냐. 그렇다면 한 번 더 도전하기를 선택한 이들이 취해야 할 가장 '정상적인' 행동은 무엇일까? 당연히 국민을 위한 정책을 법안으로 발의하고, 정당한 절차를 거쳐 국민을 이롭게 하는 것이다. 물론 이와 다른 선택을 하는 정치인도 있다. 상대방의 입법 활동을 방해하거나, 음해와 비방을 통한 공격을 가하기에 여념없는 사람들 말이다.

누군가는 이를 보며 '지금의 정치도 조선시대의 그것과 다를 것이 없다'고 느낄지도 모른다. 하지만 둘 사이에는 근본적인 차이가 있다. 바로 선거를 치른다는 것 말이다. 국민은 선거를 통해 정치인을 심판한다. 임기동안 누군가가 펼친 주장이 옳다면 국민은 그에게 한 번 더 기회를 준다. 만약 이를 반대한 이들의 주장이 옳다고 느꼈다면 국민은 새로운 사람 혹은 정당에게 기회를 준다.반면 조선시대에는 이처럼 선거, 그리고 이를 통한 권력 교체가 이루어지지 않았다. 오늘날로 치면 국회의원들의 임기가 무제한이고, 오로지 대통령에 의해 자신들의 임기가 보장될 수 있었다는 이야기이다. 그들은 그저 살아있는 권력, 즉 왕에게만 잘 보이면 됐다. 자신을 심판할 수 있는 자는 오로지 왕뿐이었으니 말이다. 만약 왕의 생물학적 죽음이 가까워졌다면? 다음으로 왕이 될 사람의 마음에 들기 위해 노력하면 그만이었다. 이런 구조 속에서 백성을 위한 정치, 올바른 법도 같은 건 그저 명분에 불과했을 뿐이다.

우리가 앞서 살펴본 몇 차례의 예송 논쟁과 환국도 마찬가지였다. 이들은 자신의 '미래'를 위해 의미 없는 논쟁에 기꺼이 뛰어들었다. 제 논에 물대려던 자들의 가짜 분노가 그 시절, 그곳에 있었다.

2장

왕이
되고 싶었던
그들

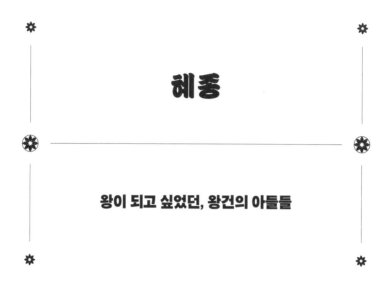

혜종

왕이 되고 싶었던, 왕건의 아들들

사랑이 만든 파국

여기 '돗자리' 임금님이라는 별명을 가진 왕이 있다. 바로 고려의 2대 왕이었던 혜종이다. 고려의 2대 왕이라면 태조 왕건의 맏아들이었다는 말이다. 그런데 왜 하필 별명이 '돗자리' 임금님이었을까? 그의 별명은 입에 담기 민망한 탄생 설화에서 출발했다. 왕의 탄생 이야기라고 하기엔 자극적이기도 하거니와 왕의 권위에 어울리지 않기도 한다. 그래도 엄연히 한 나라의 임금, 그것도 창업 군주인 왕건의 맏아들이거늘, 어쩌다 이런 불순한 이야기가 떠돌게 되었던 것일까?

혜종의 민망한 탄생 설화는 복잡했던 고려 초기의 왕권 경쟁을 상징적으로 보여준다. 혜종이 일찍 세상을 떠난 뒤 고려의 3대, 4대 왕을 왕건의 아들들이 물려받았다는 사실을 상기해 본다면 이 민망한 탄생 설화가 조금 이해가 될까? 단순하게 말하면 이 이야기는 혜종이 동생과의 왕권 경쟁에서 밀려나는 과정에서 만들어진 '허구'일지도 모른다는 것이다.

그렇다면 여기서 또 하나, 대체 어쩌다가 왕건의 세 아들은 부자상속이 아니라, 돌아가며 형제들끼리 왕위를 잇게 되었을까? 심지어 고려보다 앞서 이 땅을 지배했던 신라, 백제, 고구려조차 부자상속이 일반화되었음에도 말이다. 여기에는 고려를 세운 왕건이 후삼국을 통일하는 과정에서 펼친 '결혼 정책'이 한몫했다. 그러니까 이건 통일의 대업을 여러 호족의 딸들과 '사랑'으로 이루어내면서 벌어진 일이라는 말이다.

통일을 위해 왕건은 무려 29명(6명의 왕후와 23명의 부인)을 사랑했다. 그저 정략적인 결혼에 그쳤느냐 하면 그것도 아니었다. 정치와 사랑의 결합에는 담보가 필요했다. 후삼국 통일 전쟁 과정에서 왕건에게 배팅한 호족들은 왕건에게 그 담보로 손자를 원했다. 왕건에겐 사랑도, 결혼도, 섹스도 정치의 연장이었다. 그렇게 무려 25명의 아들과 9명의 딸이 탄생한다.

여러 호족과의 정치적, 혈연적 유대를 쌓은 왕건은 곧 후삼국을 통일한다. 자연스럽게 호족 세력은 나름대로 국가 체제 안으로 편입되기 시작했다. 통일의 대업을 이룬 국왕이자, 딸과 결혼한 사위이자, 손자를 낳아준 왕건은 호족들이 충성을 바쳐야 할 존재였다. 그 충성 아래에서 자신의 정치적, 경제적 지위가 보장되었기 때문이다.

하지만 왕건은 늘 불안했다. 조건이 붙은 사랑은 언제든 변할 수 있어서다. 가장 큰 문제는 호족 각자가 쥐고 있는 담보였다. 전쟁 시기 어느 한쪽이 이길지 모르는 상황에서 호족들이 왕건에게 던진 배팅은 그저 왕의 장인 자리가 탐나서가 아니었다. 호족들은 모두 차기 왕의 외할아버지를 꿈꾸며 딸을 내어주었던 것이다.

왕건은 이제 '나 다음은 누구지?'라는 생각에 잠긴다. 스스로 자신이 죽으면 어렵게 유지되던 평화가 다시 깨질지 모른다는 불안감을 가시기에 충분한 조건이였다. 자신의 손자가 고려의 차기 국왕 자리에 앉지 못한다면, 그 호족들이 언제까지 고려에 충성할지도 알 수 없는 노릇이었다. 이를 정리하기 위해 장남이자 통일의 대업을 함께 한 왕무가 태자로 책봉되었지만 불안함은 가시지 않았다. 여전히 왕무의 배 다른 동생들이 외할아버지의 든든한 '빽'을 믿고 차기 국왕 자리를 노리고 있었기 때문이다.

영원한 생명이란 있을 수 없다. 왕건은 죽었고, 그가 살아생전 염원했던 통합은 그 즉시 흔들리기 시작했다. 태자로 지목된 왕무가 혜종으로 즉위했지만, 불안은 곧 현실화된다. 혜종의 침소는 자객들의 공격으로 어지러웠고, 얼마 뒤에는 그를 노리는 쿠데타까지 일어난다. 그런데 그 쿠데타라는 것이 조금 애매했다. 역사에 남은 기록 이면에 무엇인가 석연치 않은 이야기까지 담긴 것 같았기 때문이다. 혹시 왕자들 사이에서 벌어진 왕권 경쟁은 아닌가 하는 의문이 드는 쿠데타였다.

혜종의 출생에 담긴 흥미로운 사정

한편, 왕건의 맏아들로 고려의 2대 왕에 즉위한 혜종의 원래 이름은 무武였다. 그는 자신의 이름에 어울리는 엄청난 무공의 소유자였다. 혜종은 그의 아버지 왕건이 궁예의 신하일 때 태어났다. 그러다 그의 나이 6세가 되던 해에 왕건이 역성혁명을 일으켰고, 덕분에 혜종은 왕자로 신분 상승을 하게 되었다. 왕자로서, 그것도 적장자로서 그의 책임감은 남달라야 했다. 심지어 아직 후삼국으로 갈라져 있던 어지러운 정세를 아버지와 함께 해결해 나가야 했다. 그가 어린 나이에도 후백제를 상대로 전쟁을 주도해야 했던 건 그런 이유에서였다. 혜종은 아버지의 기대를 저버리지 않고 전장을 휩쓸고 다니며 조금씩 전공을 쌓아 나갔다.

혜종의 나이 23살이 되던 해, 신라가 고려에 항복했다. 그는 '태자'의 자리에서 신라의 마지막 왕을 직접 도성으로 안내하는 퍼포먼스까지 진행한다. 그리고 다음 해에는 후백제와의 마지막 전투에 직접 출전해 엄청난 전공을 세우며 후삼국 통일에 큰 공헌을 하게 된다. 그의 이름에 걸맞은 역할을 해낸 것이다.

이후 혜종이 31살이 되었을 무렵, 그는 아버지 왕건의 뒤를 이어 고려의 국왕 자리에 앉는다. 태조 왕건의 장남이자 삼국통일의 업적까지 쌓았으니, 이 정도면 최고의 임금님 후보였지만 인생이라는 것이 참 어렵다. 앞서 이야기한 왕건의 결혼 정책 때문이었다. 왕건이 통일을 위해 선택한 '배수의 진'은 그의 맏아들 입장에선 가장 큰 위협이었다.

그러다 보니 혜종은 왕 자리에 앉기 전부터 말이 많을 수밖에 없었다. 무엇보다 그의 어머니 가문의 힘미한 덫이 있다. 여기서 오늘 이야기의 핵심인 '돗자리 임금님'이라는 별명이 등장한다. 혜종의 민망한 별명을 알아보기 위해 혜종의 아빠와 엄마 사이에 있었던 특별한 로맨스를 살펴봐야 하는 이유이다.

때는 바야흐로 왕건이 궁예 밑에서 열심히 충성을 바치던 시절로 거슬러 올라간다. 왕건은 후백제와의 전쟁에서 후방 지역을 장악하기 위해 나주를 점령한다. 바로 그때 혜종의 어머니

나주 오씨가 시냇가에서 혼자 여유롭게 빨래를 하고 있었다. 왕건은 우연히 그 옆을 지나가다 오씨의 빨래하는 모습을 보고 반해버린다. 그 뒤에 무지개가 펼쳐져 있었다고 하니 첫눈에 완전히 빠져버린 셈이다.

그날 밤 왕건은 오씨와 동침한다. 사료에 따르면 왕건은 거사를 치르던 급박한 상황 속에서도 번개 치듯 깨달음을 얻었다. 바로 나주 오씨의 집안이 한미하다는 깨달음이었다. 이때 왕건은 다급하게 불완전한 피임법을 사용하게 된다. 깔고 있던 돗자리에 질외사정을 했던 것이다.

하지만 나주 오씨는 생각이 달랐다. 그녀에게는 왕건이 지금보다 훨씬 더 큰 인물이 될 것이라는 확신이 있었다. 이번 잠자리는 인생 역전의 기회이자 꿈이었다. 그 순간 나주 오씨는 돗자리 위 널부러진 정액을 손으로 쓸어 모아 자신의 은밀한 곳에 넣었다. 거사는 그렇게 마무리되었고, 10달 뒤 혜종이 탄생했다. 그렇다. 돗자리에서 만들어졌다 하여 돗자리 임금님이라는 별명을 얻게 된 것이다. 별명이 얼마나 강렬했던지 혜종의 이마에는 돗자리 자국이 있다는 소문까지 돌았다.

그럼 정말 이런 일이 있었다고 봐야 할까? 당사자가 아니고서야 알 수 없는 이런 일이 어떻게 역사서에까지 남아 있는 것일까? 아마도 이 이야기는 혜종의 정통성을 깎아내리기 위해 만들어진 이야기로 추측된다. 어머니 쪽의 정치적 기반이 약한

탓이었다. 왕이 겪어 내기에 치욕적이었을지도 모를 이 이야기
는 외가 쪽 기반이 막강했던 동생들이 왕위를 이음으로써 '사
실'이 되어 역사에 기록되어 버린다.

이렇듯 약한 기반을 가진 임금이 감내하기에 고려 초기 왕실
의 권력 다툼은 치열했다. 그럴 수밖에 없었다. 태조 왕건이 선
택한 국가 안정책이 다름 아닌 결혼과 출산이었기 때문이다. 왕
건은 왕이 된 뒤에도 굵직한 호족들과 정략결혼을 이어나갔다.
혜종의 어머니였던 나주 오씨 가문은 그런 호족들에 비해 초라
했다.

연이어 터진 석연치 않은 죽음들

혜종이 즉위하고 1년 남짓한 시간 동안 고려는 나름 안정을 찾
아가는 듯 했다. 그 배경에는 개국공신이자 왕건의 최측근이었
던 박술희의 든든한 지원이 있었다. 그러나 이 안정은 얼마 지
나지 않아 끝이 난다. 혜종이 즉위 2년 만에 의문을 죽음을 당
했기 때문이다. 사실 갑작스럽다고 하기도 어려운 죽음이었다.
이미 그전에도 여러 차례 혜종에 대한 암살 시도가 있었으니 말
이다.

왕건은 정말 자신이 저지른 일이 본인 사후 고려에 어떤 불

안을 안겨줄지 몰랐던 것일까? 몰랐을 리 없다. 그래서였는지 왕건은 죽기 전 가장 신뢰할 수 있는 두 명의 개국 공신에게 혜종의 안위를 맡겼다. 왕건이 가장 신뢰했던 무장 박술희, 광주의 대호족 세력이자 또 다른 장인어른이었던 왕규가 그 주인공이다. 그렇게 나름 든든한 뒷배를 마련한 혜종이었다.

하지만 혜종의 왕 노릇을 참지 못했던 동생들이 여럿 있었다. 생각해보면 욕심이 날만도 하다. 이제 막 나라가 바로 섰고, 분위기는 어수선했을 테다. 이 과정에서 강력한 외가의 힘을 가진 누군가는 자신이야말로 고려의 '임금 깜냥'이라고 생각했을 법하다. 바로 그 생각에 깊이 잠겼던 인물 중 하나가 바로 충주 지역 대호족의 손자였던 왕요다. 왕요는 왕건의 사촌 동생이자 서경 세력이었던 왕식렴을 등에 업고, 박술희와 왕규를 상대로 전쟁을 시작한다.

문제는 『고려사』에서 왕규와 왕요 사이의 갈등을 '왕규의 난'으로 규정하고 있다는 사실이다. 그러니까 난을 일으킨 주체를 왕규로 본다는 이야기이다. 심지어 박술희는 왕규에 의해 죽었다고 기록되어 있다. 사료만 놓고 보면, 이 과정이 석연치만은 않다. 난리가 일어난 바로 그 시점에 혜종은 갑작스럽게 죽어가고 있었고, 왕규가 강화도에 있는 박술희를 죽였기 때문이다. 게다가 같은 날 왕요가 왕규의 난을 진압하고 왕규를 죽이게 된다. 그날 혜종은 결국 죽게 되었고 왕요는 신하들의 추대를 받아 고려의 제3대 왕인 정종이 되었다.

언뜻 이해가 되지 않는 왕규의 뜬금없는 배신에는 그럴만한 이유도 존재한다. 왕규에게도 '왕'씨 성을 가진 손자가 있었기 때문이다. 그래서인지 사료에서는 혜종을 향해 벌어진 수많은 암살 시도의 주체를 왕규로 설정한다. 게다가 권력을 독차지한 왕규가 박술희마저 배신해 유배를 보낸 뒤 죽였다고도 적어두었다. 그렇게 왕요는 왕규의 전횡을 저지하기 위해 등장한 구원 세력이 된 것이다.

하지만 이 이야기는 왕요가 왕위를 이은 뒤 덧붙여진 혹은 윤색된 이야기일 가능성이 농후하다. 일단 왕규가 왕으로 옹립하려고 했다는 손자 광주원군은 왕건의 16번째 아들로 왕이 되기 어려운 후순위였고, 나이도 어렸다. 게다가 왕규는 세 번째 딸을 혜종에게 시집보냈을 정도로 서로 간의 관계는 끈끈했다. 아마도 왕규는 마지막 순간까지도 박술희와 함께 혜종의 친위 세력이었을 가능성이 크다. 역시에 확실한 징답은 없지만 왕규의 난은 사실 왕요의 난이었으며, 반란에 성공한 왕요가 정종으로 즉위한 뒤 정통성 문제를 해결하는 과정에서 왕규가 역사의 희생양이 되었을 가능성이 높다.

한편, 정종의 뒷배였던 왕식렴은 왕건의 사촌동생이자 개국 공신이었다. 왕건이 생전에 중시했던 서경의 재건과 경영을 맡겼던 인물로 그곳의 병력을 책임지는 막강한 세력이었다. 그런데 흥미로운 건 왕식렴의 사망 연도가 949년으로 정종의 사망 연도와 일치한다는 점이다. '그게 뭐가 그렇게 이상해?'라고 생각할지도 모르겠다. 그런데 정종에게 아들이 있었음에도 정종의 동생이자 왕건의 3남인 왕소가 왕위에 올랐다면 의심이 갈까? 그리고 이 일이 혜종이 죽고 고작 4년 만에 일어난 일이라면 의문은 더 커지지 않을까?

마지막 승자였던 광종

쿠데타로 왕위에 오른 정종은 민심을 얻기 어려웠다. 왕규와의 전투로 지나치게 많은 인명을 살상한데다가, 서경에 기반을 둔 탓에 수도 개경 세력과 사이가 나빴기 때문이다. 심지어 민심을 잃은 정종이 국면을 전환하기 위해 선택한 방법은 더 악수가 되었다. 바로 서경으로의 천도를 시도한 것이다. 정종은 재위 2년을 맞이하자마자 서경에 왕성王城을 쌓기 시작한다. 개경에서 본인의 권력이 힘을 받기 힘들다는 판단에서였다.

정종은 개경의 지기地氣가 나빠졌기에 서경으로 천도해 고구려의 옛 영토를 회복해야 한다는 핑계를 댔다. 왕건의 훈요십조 중 하나였던 '서경은 우리나라 지맥의 근본이 되고 대업을 만대에 전할 땅이니'라는 말을 근거로 삼기도 했다.

그러나 서경에 새 궁궐을 짓기 위해서는 대규모 공사가 필요했다. 이제 막 통일 전쟁을 끝낸 백성들이 다시 성을 짓는 노역을 감당해야 했던 것이다. 결국 무리하게 추진된 공사는 개경 백성들에 이어 서경의 백성들까지 정종에게 반감을 품는 계기가 되어 버린다. 심지어 개경의 백성을 서경으로 강제 이주시키겠다는 계획은 사람들의 더 큰 반감을 샀다. 국면을 전환하려 했던 정종의 시도는 오히려 반대 세력에게 기회만 줬을 뿐이었다.

이 기회를 포착한 인물이 있었다. 바로 왕소였다. 왕소는 정종과는 어머니도 같은 친형제 사이였다. 다른 점이 있다면 처가였다. 정조는 후백제 사람이었던 박영규를 장인으로 둔 반면, 왕소는 개경과 가까운 황해도 지역에 세력 기반을 둔 처가를 뒀다. 그리고 왕소의 장인어른은 아버지였던 왕건이었다. 이해가 어려울지도 모르겠지만, 쉽게 설명하면 왕소의 부인이 그의 이복누이었다는 밑이다. 고려라는 나라의 세계관 속에서 왕소와 처가의 혈통은 완벽한 정통성을 부여받고 있었다. 그야말로 로열 중의 로열패밀리였다는 말이다.

정종과 왕소의 차이는 세력의 힘이 어느 지역으로부터 나오느냐에 있었다. 정종이 그의 뒷배였던 왕식렴과 서경으로부터 힘이 나온다면, 왕소는 개경과 인근의 황해도에서 힘이 출발했다. 그렇기에 왕소에게 개경은 힘의 근원이자 지켜야 할 근거지였다. 정종의 서경 천도가 무리하게 추진되는 과정에서 왕소 주변으로 사람들이 몰린 건 지극히 자연스러운 결과였다.

흥미로운 건, 이 과정에서 벌어진 정종의 죽음이 혜종만큼이나 의아했다는 점이다. 정종은 천둥소리에 놀라 경기를 일으켜 병석에 1년을 누워 있다가 갑자기 사망한다. 20대의 젊은 나이에 말이다. 믿기 힘든 정종의 죽음은 차기 왕위 계승 과정을 보면 더 큰 의구심을 낳는다. 정종이 죽기 직전 왕소와 독대를 했고, 그가 왕소에게 "다음 왕은 네가 해라"라는 말을 했다는 것이다. 이 말을 따르기로 결심한 동생 왕소는 정종의 아들을 대신해 왕위를 이었다. 그가 바로 광종이다. 사료에 나와 있지 않은 의문투성이의 왕위 계승 과정에는 분명 광종과 그의 측근 세력의 움직임이 있었을 법하다.

천둥소리에 놀라 죽은 형을 대신해 왕이 된 광종은 개경을 중심으로 한 호족 세력의 지지를 등에 업고 왕이 된다. 다시 말해, 왕이 되는 과정에서 힘이 되어 준 친척들이 광종의 주변에 가득했다는 말이다. 독자적인 군사력을 지닌 호족들은 친척이라는 이름으로 광종의 주변에 머물렀지만, 수틀리면 순식간에 남으로 돌변할 존재들이었다. 자신의 두 형이 그렇게 당했고 본인도 그 덕을 봤으니, 누구보다 이 사실을 잘 아는 건 광종 자신이었다.

그렇기에 재위 초기, 광종은 왕실과 호족이 공존하는 평화로운 대화합의 시대를 열었다. 평화가 깨진 건 즉위 7년째 되는 해였다. 우리가 교과서에서 늘 배우던 '광종의 왕권 강화'가 시작된 것이다. 광종의 왕권 강화 시도는 형들의 사례를 반면교사 삼아 고려의 분열을 종식시키기 위한 담대한 도전이었다. 왕권이 호족에 의해 수시로 흔들린다면, 이제 막 통일의 대업을 세운 고려가 갈라지는 건 불 보듯 뻔했다. 고려는 분명한 전환점이 필요한 시점이었다. 당장 필요한 건 국가의 중심, 곧 왕권의 강화였다. 광종은 본격적으로 왕의 힘을 강력하게 만들기 위한 행동에 나섰고, 고려에는 곧 피비린내 나는 대숙청의 시대가 열리게 된다.

금쪽이가 되고 싶었던 반쪽이들

자유도Degree of Freedom는 제한된 조건 안에서의 선택을 의미한다. 흔히 N-1로 정의되는데, 주로 농경 문화의 창업 왕조에서 후계를 결정할 때 자주 볼 수 있다. 창업 과정에서의 정치적 불안정성이나 다양한 합종연횡 등의 이유로 일정 정도의 내부 권력투쟁은 필연이다. 어차피 반쪽이 중 하나가 다 먹는 판, 자신이 아닌 다른 반쪽이를 모두 밀어내면 완성되는 제로섬의 승부가 펼쳐지는 것이다.

왕건에게는 자식이 많았다. 그러나 그건 왕건만의 문제는 아니었다. 이는 지역적, 군사적인 한계를 가진 수많은 중세 국가에서 흔히 나타나는 모습이기 때문이다. 중세 국가의 창업주들에게 정치적

연합은 필수적이었고, 그 방식은 대부분 혼인이었다. 왕건 역시 나중에 어떻게 될지 고민할 겨를 없이 당장에 효과적인 방법을 선택했고, 이는 결국 왕건 사후에 수많은 반쪽이들이 금쪽이가 되기 위한 권력투쟁을 시작하는 결과를 낳았다. 그들 중 누군가는 승자가 되기도 했고, 또 다른 누군가는 애초부터 무릎을 꿇고 조아리기도 했다.

고려에서의 승자는 광종이다. 그런데 그가 왜 정통성을 가진 장남 혜종과 숙부의 지지를 받은 정종 같은 반쪽이들을 제쳤을까? 사실 광종에게는 비장의 카드인 부인이 있었다. 그 부인은 개경과 가까운 황해도 지역에 세력 기반을 둔 왕건의 또 다른 부인의 딸이였다. 이는 다시 말해 광종의 아버지도, 장인도 왕건이었다는 이야기이다. 왕조 국가에서 유전적 근친도는 매우 중요하다. 단순히 혈통이 좋아서가 아니라 혈통에 승계되는 물적 토대 때문이며, 그것은 보다 많은 인구와 그에 수반되는 강력한 군사력의 확보를 의미하기 때문이기도 하나. 결국 광종의 히든카드이자 치드기는 왕고 국가의 가장 강력한 무기인 유전적 근친도였던 것이다.

반쪽이가 금쪽이를 꿈꾸는 것은 어찌 보면 권력의 속성으로서 당연한 귀결이다. 물론 그 승패가 역사책에 적힌 것처럼 거창한 명분이나 정치적 이념이 아닌, 매우 단순한 선택에 의한다고 말하면 좀 서운할 수도 있다. 그렇지만 역사 프로파일링은 거대한 역사의 이면에 깊게 뿌리박은 인간의 욕망과 1차원적 권력수단을 확인함으로써 보다 깊이 있는 역사 이해를 가능케 한다. 특히 프로파일링은 야사도 아닌 정사에 종종 언급되는 말도 안 되는 찌질함이나 맥락을 벗어난 황당한 서술을 분석해서 서술자의 내면을 읽어 내는 데 깊은 영감을 준다. 왕건의 장자이자 대업을 같이 한 혜종을 '돗자리 임금'이라고 서술한 것과 일국의 왕이 그깟 천둥소리에 놀라 앓다가 죽었다는 등의 서술은 누군가의 치졸한 복수이며, 동시에 자신의 정통성을 부각시키는 매우 효과적인 방법이기도 하다. 그러나 크게 보면 결국 그런 행위들은 그들 스스로 다 거기서 거기인 존재, 즉 반쪽이 밖에 안 된다는 것을 입증할 뿐이다.

왕조 창업은 물론, 사기업에서도 2세가 창업주의 업적을 한 번에 말아먹은 사례는 차고도 넘친다. 만드는 것만큼 지키는 것도 힘들다는 반증이다. 더불어 여기에는 어느 왕조 혹은 기업에나 적용되는 중요한 원칙이 있다. 아버지의 신하 혹은 참모는 내 신하나 참모가 될 수 없다는 점이다. 금쪽이가 되려다 반쪽이도 되지 못한 자들은 그 원칙을 알지 못했고, 결국 실패자가 되고 말았다.

어쩌면 과거 아닌 현재의 이야기

어린 시절, KBS에서 방영한 <태조 왕건>이라는 드라마를 좋아했다. 2000년에 시작한 이 사극은 2002년까지 이어졌는데, 그때는 지금처럼 다시 보기나 유튜브가 없던 시절이라 본방사수가 필수였다. 방송 시간만 되면 흐름을 놓치지 않기 위해 TV 앞에 앉아 드라마가 시작하기만을 기다렸던 기억이 뚜렷하다. 드라마 전체는 아니라도 몇 가지 장면은 지금도 대부분 그대로 기억이 난다. 그중 가장 인상적인 장면은 궁예의 죽음이다. 궁예는 왕건을 기다리며 술을 한잔 권했고, 자신이 못다 한 북벌을 이루어주기를 부탁하며 자신의 삶을 마무리한다. 이때 중요한 것은 내레이션이었다. '궁예!'로 시작하는 그 내레이션은 궁예의 일생을 짧게 요약해 주었는데, 그 마무리가 꽤나 인상 깊다. 궁예는 원래 도망치다가 민가에서 백성들에게 얻어맞아 죽은 것으로 알려져 있다. 하지만 드라마 제작팀은 알려진 것과는 다르게 궁예의 마무리를 기록했다. '역사는 오로지 승자의 것'이라는 명제에 제작팀이 어떤 입장을 취했는지 알 수 있는 대목이다.

굳이 드라마의 예를 들지 않더라도 '역사는 승자의 것'임은 자명한 사실이다. 우선 승자, 즉 왕이 된 사람에게는 그게 걸맞은 역사가 쓰인다. 그가 평범한 출생처럼 보였지만, 실은 왕이 될 수밖에 없었던 출생이 비밀이 있다거나 엄청난 태몽이 뒤따랐다는 식으로 말이다. 물론 패자의 경우도 역사가 다시 쓰이긴 마찬가지이다. 그의 정통성을 부정하기 위한 갖가지 위해 장치가 기록을 통해 마련된다. 마치 혜종이나 왕규처럼 말이다.

왕건은 혼인을 통해 여러 호족을 규합하며 통일을 이루었다. 왕건의 다음 왕좌는 그와 함께 전장을 누빈 장자 왕무가 차지하는 것이 당연했지만, 실제로는 그렇지 못했다고 보는 것이 옳다. 가장 큰 이유는 왕건에게 또 다른 아들이 너무 많기 때문이었다. 같은 어머니에게서 태어난 아들이 두세 명만 되어도 후계 구도 싸움이 치열하게 일어나는 경우가 비일비재한데, 각기 다른 어머니에게서 태어난 아들이 수십 명이나 되었으니 이는 당연한 결과였다. 왕자와 왕비 개인의 욕심은 물론, 그들의 뒷배경인 지방 호족들의 욕심이 더해져 서로간의 치열한 암투와 경쟁이 일어났다. 말하자면 일종의 '계파 싸움'이 벌어진 것이다. 더 큰 문제는 이런 상황이 민주주의 정치 체제가 확립된 오늘날에도 종종 일어난다는 것이다.

국회의원이 자신이 출마하던 지역구에 다시 도전할 수 없게 되면, 자신의 배우자를 대신 출마 시키거나 형제, 자매 혹은 자신의 심복을 내보내는 경우가 대표적이다. 이러한 현상은 해당 국회의원의 명망이 높으면 높을수록 일어나는 빈도가 더 잦다. 다시 말해, 가장 하지 말아야 할 행동을 가장 명망있는 사람들이 자행하고 있다는 것이다. 문제는 여기서 그치지 않는다. 당선된 이들의 '실력' 문제가 남아있기 때문이다. 당연한 이야기이지만, 누군가의 '덕분'에 당선된 이들이 높은 실력을 가지고 있을 가능성은 상대적으로 적다. 설령 그가 그의 평생 동반자였다고 해도 마찬가지이다. 동반자로서 함께 했기 때문에 전임자와 많은 것을 공유했을지는 몰라도, 공유하는 것과 실제 행동으로 옮겨 나 자신이 직접 하는 것은 천양지차이기 때문이다.

악순환은 여기서 멈추지 않는다. 특별한 이유가 없다면 그 사람들은 또 한번 공천을 받고 별 다른 활동과 성과가 보이지 않는데도 국회의원 생활을 이어나가는 경우다. 왜 특정인의 후임이나 후계자가 국민을 대표하는 사람 혹은 국민의 대리자가 되어야 하는 것인가. 지금은 왕의 핏줄과 얼마나 가까운지 따위로 지도자의 됨됨이를 파악하는 왕조시대가 아니다. 혈연 혹은 가까운 지인이라는 이

유만으로 지역구를 물려받거나 그것이 용인되는 일은 사라져야만
한다. 도대체 정당은 누구의 눈치를 보며 정치를 하고 있는 것인가.
왕조시대가 끝난지 100년이 넘었다. 하지만 현대조 그런 국회의원
들이 있다. 2024년 새 국회의원을 뽑는 총선에서는 이런 전근대적
세습 공천을 더이상 보고 싶지 않다.

이승만

공화국의 왕을 꿈꾼 사람, 이승만

독립운동가 'Prince Lee'의 탄생

이승만의 인생을 살피다 보면 느껴지는 바가 있다. 바로 전근대적 권력욕과 근대적 권력욕의 오묘한 조화다. 가만히 그의 인생을 돌이켜보면 이승만이라는 사람을 그저 욕망에 사로잡힌 '욕심쟁이'라고 표현하기에 부족함이 있다. 곰곰이 생각해보면 의외로 나름 이룬 게 많은 인물이기도 하다.

이승만은 태생부터가 남달(?)랐다. 그는 1875년 황해도 평산군에서 태어났는데, 우리가 주목해야 하는 건 그가 태어난 날짜나 고향이 아니다. 다름 아닌 본관이다. 이승만의 본관은 전주였다. 그렇다. 그는 (믿거나 말거나) 조선 왕실의 핏줄을 타고 났다. "그게 뭐 그렇게 중요해?"라고 말할지도 모르겠지만, 이승만의 태생은 스스로 그를 정의할 때 중요한 가치가 된다. '양녕대군 16대손'이라는 타이틀은 이승만의 프라이드이자, 자신을 소개하는 키워드였다.

태어나고 얼마 뒤, 서울로 이사 간 이승만은 당시 양반집 가문의 자제들이 모두 그랬던 것처럼 서당을 다니며 과거시험을 준비한다. 그러던 1894년 그는 엄청난 위기에 봉착한다. 바로 과거제가 폐지된 것이다. 과거시험이 유일한 '성공의 길'이라 믿었던 이승만에게는 청천벽력과 같은 사건이었다.

하지만 이승만은 위기를 기회로 바꿨다. 근대 학문기관인 배재학당에 입학해 근대적 사고를 빠르게 익혀 나간 것이다. 그는 주변 청년들과 협성회라는 모임을 만들어 신문을 발행하는 등 무너져 가는 조국의 '계몽적 지식인'으로의 변신에 성공한다. 이후 그는 만민공동회와 독립협회 활동을 통해 중추원 의관에 임명되는 개인적 쾌거를 이루며 나랏일을 시작한다.

꿈에 그리던 공무원이 된 기쁨도 잠시, 이승만은 '고종 황제 폐위 음모 사건'에 연루되어 5년 가까운 시간을 감옥에 갇히게 된다. 이 시기 이승만은 여러 권의 책을 쓰며 근대학문을 익히는 데 매진한다. 마침내 출소한 이승만은 러일전쟁을 목도한 뒤 흥미롭게도 미국이라는 나라에 꽂힌다. 조선의 독립을 위해서는 조선이 미국과 친해져야 한다는, 더 나아가 미국을 닮아가야 한다는 믿음을 가지게 된 것이다.

미국행을 선택한 이승만은 그곳에서 한국과 인연이 깊은 선교사들을 만나며 미국의 정치인들을 소개받는다. 그리고는 본격적인 외교 공부를 위해 조지워싱턴대학에 입학한다. 이후에도 그는 학문을 이어가며 하버드대학에서 석사 학위, 프린스턴대학에서 박사 학위까지 받게 된다. 대단한 건, 이 모든 일을 6년 만에 마쳤다는 점이다. 그렇게 이승만은 조선의 지식들 사이에서 '천재'라는 타이틀과 '박사'라는 타이틀을 동시에 얻게 된다.

그러던 1919년 3·1운동 직후, 이승만 '박사'는 다양한 임시정부 조직에서 외무총장이나 국무총리 등 수장급으로 임명된다. 그러나 흥미롭게도 여기서 문제가 터지기 시작한다. 감투를 쓴 이승만이 직책에 욕심을 부리기 시작한 것이다. 특히 문제가 되었던 것은 자칭 프레지던트President라는 표현이었다. 지금이야 정부의 수장을 프레지던트라고 표현하는 것이 어색하지 않지만, 당시는 달랐다. 임시정부 규정에 프레지던트라는 직함이 없었기 때문이다.

더 큰 문제는 프레지던트를 '대통령'이라고 번역하며 불거진다. 대통령大統領은 19세기 일본에서 만들어진 표현으로 민주공화제에 대한 이해가 부족했던 당대 일본인들이 신분제적 세계관에서나 쓰던 권위주의적인 용어였다. 프레지던트라는 말에 담긴 원래 뜻인 '사람들의 의견을 청취하고 종합'한다는 민주주의적 의미가 전혀 담겨있지 않은 번역어였던 셈이다.

당연히 이를 반대하는 임시정부 요인들이 있었고, 논란이 불거졌다. 하지만 이승만은 대통령이라는 용어에 강한 집착을 보였고, 이를 밀어붙여 결국은 임시정부 초대 대통령의 타이틀을 스스로 쟁취(?)한다. 이후 제2대 임시정부 대통령이 된 박은식은 대통령제의 문제점을 지적하며 국무령제로 개헌하고 사임했고, 얼마 뒤 주석제가 정착된다. 그러나 사라진 줄 알았던 대통령이라는 표현은 광복을 맞이하며 이승만에 의해 다시 소환된다.

아무튼, 대통령이라는 직책의 달콤함을 처음으로 맛본 이승만은 미국으로 건너가 대한민국 임시정부 전권 대사로 활동하다가 1922년 하와이로 돌아가 대한인동지회 종신 총재에 취임한다. 이후 상해 임시정부에서는 이승만이 대통령의 역할을 제대로 수행하지도 않고, 임시정부 의정원의 결의를 무시한다는 이유로 그를 탄핵해버린다.

하지만 이승만은 굴하지 않고 하와이에서 외교활동을 중심으로 독립운동을 이어갔다. 특히 태평양 전쟁 시기에 일본이 미국과 적국이 되자 이승만은 본격적으로 미국에서의 독립운동에 박차를 가한다. 이승만의 평소 소신이었던 '외교를 통한 독립운동'이 효과를 내기 시작한 시점이었다. 그렇게 해방이 되자 이승만은 한국인들에겐 독립투사로 기억되며, 미국인들에겐 쓰기 좋은 카드가 된 채로 화려하게 귀국한다.

"이제 적은 내부에 있다"

1945년의 8월 15일은 일본으로부터의 해방일임과 동시에 이념 전쟁의 시작점이기도 했다. 그리고 이념 전쟁의 파도는 이승만을 독립운동가에서 '반공 투사'로 변화시켰다. 귀국 이후 이승만은 강력한 반공주의를 바탕으로 3.8선 이남을 타기팅해 자신만의 세상을 만들어 나가려 시도한다. 특히 1946년 6월 정읍에서의 단독정부 수립 발언을 기점으로 정치 노선을 명확히 한다.

결과적으로 그의 배팅은 성공적이었고, 유엔 감시하에서 남한만의 단독선거가 치러졌다. 이승만은 1948년 5월 10일 실시된 국회의원 선거에서 동대문구 갑 지역구로 출마해 당선된다. 그리고 다음 날 소집된 대한민국 첫 국회 회의에서 의장으로 선출되었고, 7월 20일에는 국회에서 진행된 간접선거로 대한민국 초대 대통령에 당선된다.

반쪽이었지만 독립된 나라의 초대 대통령이 된 이승만은 이제 스스로의 욕망을 숨기지 않았다. 그리고 그 욕망은 조금씩 이승만을 잡아먹고 있었다. 이승만에게 국민은 그저 무식하기 짝이 없는 '백성'이었다. 그는 곧 공산주의가 얼마나 무서운지 백성들에게 깨닫게 하기 위해 다양한 사건들을 만들어내기 시작했다. 사건의 핵심은 모두 같았다. 국민의 머릿속에 '내부에 적이 있다'는 두려움을 심는 작업이었다.

바로 이 과정에서 이승만 자신의 믿음을 국민에게 전달해 줄 훌륭한 기수가 필요했다. 첫째는 그의 심복이었던 장택상을 중심으로 한 경찰세력이었고, 둘째는 군대 내의 협력세력이었으며, 마지막 셋째는 각종 우익단체와 청년단체 등의 외곽 조직이었다. 이렇게 구성된 세 조직은 이승만이 권력을 유지하는, 그리고 이승만의 믿음을 국민에게 전달하는 도구로서 핵심적인 역할을 도맡았다.

이승만이 내부의 적을 만들어 낸 사건은 집권 초기부터 다양했다. 그중에서도 1952년 벌어진 '부산정치파동'은 그를 제2대 대통령으로 만들어준 사건이기에 더욱 강렬했다. 당시는 대통령을 국회의원이 뽑는 간선제였다. 그런데 이때의 국회 비율로는 이승만이 재임에 성공하기 어려운 상황이었다. 이승만은 곧 대통령 직선제로의 개헌을 추진했다. 그러나 1952년 1월 18일 실시된 대통령 직선제 개헌안 표결이 부결되자, 이승만은 국회에서 본인의 지지 세력이 부족하단 판단 아래 외부 세력을 동원해야겠다는 생각을 하게 된다.

그는 개헌안 부결을 반대하는 관제 데모를 시작으로 국회 외곽에서 전방적인 압박을 시작했다. 민족자결단, 백골단 등 폭력조직이 동원된 시위는 부산 전역에서 이어졌다. 당시 야당 국회의원으로서 국회의장이었던 신익희의 집을 포위한 것은 물론, 깡패를 동원해 국회의원들을 협박하기도 했다. 심지어 5월 26일에는 50여 명의 국회의원이 탄 통근버스를 통째로 강제 연행했고, '국제공산당'과 관련되었다는 혐의를 덮어씌워 이중 일부를 붙잡았다. 이후 국회 내의 이승만 친위세력들은 대통령 직선제를 골자로 하는 이른바 '발췌개헌안'을 제출했고, 1952년 7월 4일 기립표결을 통해 이를 통과시켜버린다.

그렇게 이승만은 74.6%의 압도적인 지지를 얻어 당선된다. 물론 상대 후보들이 준비할 틈조차 주지 않은 상태에서 이루어진 선거였기에 가능한 결과였다. 직선제 개헌부터 선서까지 고작 1개월이라는 시간이 주어졌을 뿐이었다. 유권자들이 '이승만 대통령' 말고는 제대로 후보조차 알 수 없었던 상황에서 그의 당선은 불 보듯 뻔한 일이었다.

"평화"를 말하면 죄가 되는 세상

이승만은 이후로도 권력에 대한 욕심을 놓지 않았다. 그는 3선을 위한 개헌에 나섰고, 이때 등장하는 초유의 사태가 바로 사사오입四捨五入 개헌이었다. 1954년 9월 6일, 자유당은 '현 대통령에 한해서는 중임 제한을 배제한다'는 내용을 담은 개헌안을 국회에 제출했다. 하지만 개표 결과는 재석 의원 수 203명에 찬성 135, 반대 60, 기권 7이었다. '재적의원 2/3 이상의 찬성'이라는 필요조건이 충족되지 못한 결과였다. 이승만은 곧 긴급의원총회를 소집하고 대책을 논의한 끝에 '4는 버리고 5는 더한다'는 반올림의 논리로 응수하게 된다. 그렇게 그는 개헌 정족수를 135명으로 다시 규정하고, 개헌안을 그대로 통과시켜 버린다. 이날 대한민국 헌법은 완전히 유린당했다.

그렇게 치러진 제3대 대통령 선거 과정에서 야당의 대선 후보 신익희는 엄청난 폭풍을 일으키며 이승만을 압박했다. 거기에 더해 진보당 후보 조봉암도 조금씩 세를 확장해가고 있었다. 더 큰 문제는 진보당과 민주당이 선거연합을 할지도 모른다는 사실이었다. 다급해진 이승만이 꺼내든 카드는 또 색깔론이었다. '저들이 바로 내부의 적, 공산주의자들이다'라는 구태의연한 전략이었다.

그러던 중 민주당 대선 후보 신익희가 전남지역 유세를 위해 이동하던 중 기차에서 심장마비로 사망하는 사건이 터진다. 우연히 발생한 사건으로 인해 선거는 이승만 504만여 표, 조봉암 216만여 표, 무효표 180만여 표라는 결과로 마무리된다. 이승만이 3선에 성공한 것이다. 하지만 이날의 선거 결과는 이승만의 입장에선 꽤나 충격적이었다. 신생 정당의 후보 조봉암의 득표수가 위압적이기도 했지만, 무효표 180여만 표도 신익희에 대한 추모표 성격이 강했기 때문이다.

제3대 대통령 선거 과정에서 빠르게 성장한 조봉암과 진보당은 이승만에게 부담스러운 존재였다. 그는 곧 이들을 잘라낼 준비를 시작했다. 문제는 조봉암의 약점이었다. 식민지 시기 조봉암이 공산당 활동을 통해 독립운동을 전개했기 때문이다. 이승만은 바로 이 지점을 물고 늘어지기 시작한다. '내부의 적'이 되기 충분한 조건이었으니 말이다.

제4대 국회의원 선거를 4개월 앞둔 1958년 1월 12일, 이른바 '진보당 사건'의 막이 오른다. 경찰은 진보당 간부들을 간첩죄 혐의로 체포했고, 이틀 뒤에는 진보당 당수 조봉암을 국가보안법위반 혐의로 체포한다. 이들을 체포한 근거는 다름 아닌 '평화통일론'이었다. 진보당의 선언문과 강령이 북한노동당의 정책과 상통하기 때문에 진보당이 말하는 평화통일은 곧 적화통일이라는 주장이었다.

5개월간의 재판과정에서 조봉암에게 씌워졌던 혐의는 대부분 사실이 아님으로 판명되었다. 하지만 이승만은 이를 받아들이지 않았다. 그의 외곽 단체 중 하나였던 반공청년단이 움직였다. '조봉암을 간첩혐의로 처벌하라'며 법원에서 난동을 부리기 시작한 것이다. 그리고 얼마 뒤, 1959년 2월 27일 대법원은 조봉암에게 사형을 선고한다. 진보당 간부들도 국가보안법 위반으로 전원 유죄를 선고받는다. 그로부터 약 5개월 뒤인 7월 31일, 조봉암에 대한 사형이 집행되었다. 대한민국 최초의 '사법살인'이 일어난 것이다.

생떼를 쓴 자의 최후

조봉암과 진보당이 사라진 대한민국에서 이승만은 자신감이 넘쳤다. 이미 그는 민주주의와는 등을 돌린 사이였다. 이제 그에게는 종신집권만이 남아 있었다. 그렇게 시작된 1958년 제4대 국회의원 선거는 부정선거의 정점에 다다른 선거였다. 언제나 그렇듯 경찰과 공무원은 선거판에 개입되었고, 깡패들은 위압적인 분위기를 조성했다.

선거 결과는 의외였다. 91.1%의 높은 투표율이 나온 가운데 자유당 42.1%, 민주당 34.0%, 무소속 21.7%라는 놀라운 결과가 벌어진 것이다. 이승만은 다시 긴장했다. 이대로 가다간

1960년 5월로 예정된 제4대 대통령 선거에서 미끄러질지도 모른다는 위기감에 휩싸인 것이다.

이승만이 선택한 건 '농번기를 피해 선거를 끝낸다'며 5월로 예정된 선거를 3월로 앞당기는 것이었다. 조병옥이 아팠기 때문이다. 당시 민주당 대선후보였던 조병옥은 치료를 위해 미국으로 가야 할 정도로 선거운동에 힘을 쏠 상황이 아니었다. 이를 기회로 이승만은 선거를 치를 생각이었다.

무리한 일정을 소화하던 조병옥은 결국 2월 15일 미육군병원에서 사망한다. 단독후보가 된 이승만은 사실상 차기 대통령이 된 것이나 다름없었다. 하지만 조병옥의 죽음을 바라보며 자신을 되돌아본 노년의 이승만은 후임을 걱정하기 시작했다. 마치 세자 책봉을 걱정하는 조선의 임금이라도 된 듯 말이다. 그렇게 1960년 3월 15일의 선거는 부통령 자리를 둔 자유당과 민주당 간의 대결이 되었다.

공화국의 왕이 되기로 마음먹은 이승만은 스스로를 '국부'로 칭하며 왕 대접을 받기 시작했다. 서울 남산과 파고다 공원에 자신의 동상을 세우고, 파주에는 기념탑을 올렸다. 서울 곳곳에 자신의 호를 딴 우남회관, 우남학관, 우남도서관을 만드는가 하면, 지폐에 본인의 얼굴을 그려 넣기까지 했다. 이승만은 '국부'이자 '민족의 태양'이었고 '세기의 위인'이자 '세계적 지도자'였다.

1960년 3월 15일의 대통령, 부통령 선거는 이러한 분위기에서 치러졌다. 당연히 선거는 엉망진창이었다. 4할 사전투표, 3인조 및 5인조 공개투표, 완장부대, 야당 참관인 축출 등 갖가지 부정한 방법이 동원된 것이다. 결과는 당연히 대통령 이승만, 그리고 부통령 이기붕의 당선이었다. 하지만 국민들은 이 결과를 그대로 받아들이지 않았다. 참을 만큼 참았던 사람들은 1960년 3월 15일 당일 아침 마산에서부터 시위가 시작됐다. 작은 도시임에도 3,000여 명이 넘는 시민이 모였다.

그런데 이곳에서 일어난 소요를 전국 단위의 시위로 키운 건 외려 경찰이었다. 경찰이 시위 중이던 시민에게 집단 발포하는 사건이 벌어진 것이다. 이 일로 김주열이라는 학생이 최루탄에 맞아 사망했고, 약 한달 뒤 그의 시신이 마산 앞바다에 처참한 모습으로 발견되면서 시위는 걷잡을 수 없이 커지게 된다. 김주열의 사연이 큰 충격으로 다가온 데에는 사진의 힘이 컸다. 최루탄이 눈에 박힌 채 죽어 있는 어린 학생의 모습을 마주한 사람들은 분노했다. 그렇게 누적된 불만을 참지 못한 국민들은 "살인선거 물리치자"며 거리로 나섰다.

서울에서는 대학생들을 중심으로 시위가 폭발적으로 번지기 시작했다. 사태의 심각성을 깨달은 이승만은 4월 19일 오후 3시 계엄령을 선포하고 시위를 폭력으로 진압하려 시도한다. 이 과정에서 수많은 시민이 경찰과 군인이 쏜 총에 사망하거나 다쳤다. 이 와중에도 정신 못 차린 이승만은 서울대학교 병원에 입원해 있는 학생들을 찾아가 금일봉을 '하사'하며 위로한다. 마치 임금이 가엾은 백성을 위로하듯 말이다.

얼마 뒤인 4월 24일, 이승만은 자유당 탈당과 함께 국무위원들을 사퇴시키고 개각을 단행하겠다는 성명을 발표한다. 하지만 성명서에는 부정선거에 관한 내용도, 사과의 한 마디도 없었다. 이날 이후 국민학생들마저 시위에 참여하기 시작했고, 결정적으로 대학교수들의 시국선언문이 발표되자 거리는 다시 시위의 열기로 뜨거워지기 시작했다.

'승리의 화요일'이라 불리는 4월 26일 오전, 시위대는 국회의사당과 경무대가 있는 광화문 일대로 모여들었다. 같은 시각, 파고다 공원에서는 이승만의 동상이 쓰러졌다. 바로 그때 계엄사령관 송요찬의 주도로 시민대표와 대통령의 면담이 성사된다. 그리고 그 자리에서 이승만의 하야가 결정되었다. 소식을 들은 사람들은 환호했다. 시민이 승리한 것이다.

'공화국의 왕'을 꿈꿨던 이승만은 4월 한 달간 거리를 가득 메운 시민들의 함성에 무너졌다. 그로부터 한 달 뒤인 5월 29일, 그는 쓸쓸하게 하와이로 출국한다. 사실상 '추방'이었다. 이후 이승만은 몇 번 귀국을 시도했지만 결국 고국으로 돌아오지는 못했다. 그 뒤에 정권을 잡은 군인들조차 그의 귀국을 반기지 않았던 것이다. 그렇게 이승만은 시민들의 기억 저편에서 사라져 1965년 7월 19일, 향년 90세의 삶을 조용히 마감한다.

민주주의 국가에서 교육받아
파시즘으로 왕이 된 나르시시스트

이승만은 전형적인 나르시시스트 독재자다. 나르시시스트가 독재자가 된 사례를 우리는 히틀러를 포함해 역사 속에서 여럿 살펴볼 수 있다. 이들의 '자뻑'은 태생적이기도 하고, 시대맥락적이기도 하다. 그들은 대중을 우매하고, 과거를 단절하지 못하는 존재라고 여긴다. 그리고 자신만이 불쌍하고 불행한 이들을 구원할 사명을 가진 존재라는 망상에 빠진다. 여기서 소수는 개인적인 정의감에 불타는 '정의사도형' 연쇄살인범이 되기도 한다. 하지만 대부분은 대중 정치와 권력에 편향되어, 국가라는 이상과 국가가 가지는 폭력에 매료되어 버린다. 그들은 자신의 정치를 계몽과 민주주의로 포장한다. 그러나 이는 실제로는 테러와 공포, 강요와 폭력을 수단으로 자기 망상을 집단 망상으로 강제하는 전체주의 파시즘에 불과하다. 그들에게 대중은 정치의 상대로서의 시민보다는 계몽과 교화의 대상으로서 백성에 가깝다.

이승만은 대표적인 민주주의 국가인 미국에서 공부했지만, 민주주의를 체득하지 못했기에 결코 민주주의자라고 할 수 없다. 스스로 전주이씨 왕실 핏줄임을 강조했듯, 그는 민주주의자보다는 오히려 왕정주의자에 가깝다. 더불어 그런 그가 자신의 독재에 가장 효과적으로 이용한 수단이 민주주의의 핵심 제도인 대중동원과 선거라는 점에서, 그는 파시스트나 나치스트에 가장 가까운 인물이기도 하다.

이는 3·1운동 직후 불거진 그의 직책 욕심에서 있는 그대로 볼 수 있다. 당시 임시정부 규정에는 프레지던트 직함이 없었지만, 그는 이를 일본 식민주의자들이 만든 '대통령'에 대입했다. 즉, 그는 프레지던트를 국민들의 의견을 청취하고 송합하는 민주주의적 존재가 아닌, 권위주의적 존재로 인식한 것이다. 임시정부 초대 대통령의 타이틀을 스스로 쟁취한 이승만은 결국 대한민국의 대통령이 되었다.

프레지던트 이승만은 토론하지도, 타협하지도 않았다. 또한 정치적 반대파를 용인하지 않고, 이들을 무자비하게 숙청하고 제거했다. 이승만은 조선시대 당쟁에나 어울릴만한 인물이었다. 그가 해방정국에서 미국에서 교육받은 민주주의자 타이틀을 가졌다는 것은 비극 중의 비극이었다. 그는 민주주의라는 허명을 이용해 효과적으로 독재했다. 마치 히틀러가 합법적인 선거로 총통이 된 것처럼 말이다. 그런 그가 대한민국의 국부로 추앙받아야 할까? 그러기에는 너무나도 많은 잘못이 있다. 그것도 대부분은 악의적인 것이고 말이다.

이승만은 해방정국에서 '이박사'로 불렸다. 그가 민주주의 국가에서 교육 받았음을 보여주는 가장 강력한 증거는 바로 박사 학위였다. 학위는 그에게 과거시험에 합격한 것 이상의 서구 민주주의적인 권위를 부여했다. 하지만 그가 진정한 '박사'가 되었다고 보기는 어렵다. 정통 민주주의 국가에서 민주주의를 세례 받았지만, 그가 실제로 원한 것은 그저 성공을 위한 일종의 자격증이었기 때문이다. 이승만이 조지워싱턴대학 학사와 하버드대학 석사, 프린스턴대학 박사 학위를 6년 만에 마칠 수 있었던 건 그가 천재라서가 아니었다. 그저 학위로 포장된 '자격증'을 원했기 때문이었다. 순수한 학문적 욕구가 아닌 지위를 차지하려는 과정으로서의 자격증 취득은 그에게는 쉽고 익숙한 일이었다. 그는 박사가 되었다. 그것도 조선의 방식으로 말이다. 이게 바로 이박사 신화의 시작이었다.

그렇게 취득한 자격증은 그의 나르시시즘을 확고하게 만드는 계기가 되었다. 그의 권력욕은 태생적이라고 할 만큼 집요했다. 양반 출신에서 나아가 배재학당을 나온 근대적 지식인, 계몽적 지식인이 되었으며, 만민공동회와 독립협회 활동을 한 중추원 의관이 되었다. 그리고 가장 큰 자격증인 조선의 천재 지식인 '이박사' 타이틀을 얻었다.

대한민국 정치의 슬픈 첫 단추

이승만은 대한민국 정치의 첫 단추였다. 첫 단추는 두 번째 단추의 위치를 결정하고, 나머지 단추의 위치도 결정한다. 단추가 하나 남아도 안 되고 구멍이 하나 남아도 안 된다. 이승만이라는 대한민국 정치의 첫 단추는 단추도 구멍도 모두 남겼다. 잘못 끼운 첫 단추는 후에 새롭게 정렬할 수 없다. 모든 단추를 풀고 나서야 다시 시작할 수 있다.

첫 번째로 생겨난 구멍은 '독재'였다. 이승만은 국회의원 간선제로 초대 대통령이 되었다. 하지만 임기가 종료될 무렵, 개헌을 시도해 국민 직선제를 준비한다. 이승만의 의도는 투표권을 모든 국민에게 나누어주는 것이 아니었다. 오로지 자신의 정권 연장에만 목적이 있을 뿐이었다. 폭력과 발췌 개헌은 대한민국 정치사에 두고두고 뼈아픈 상처를 남겼다. '독재'와 '임기연장'에 대한 꼼수를 열어둔 것이다. 이어진 삼선개헌 역시 스스로 대통령의 자리에서 내려오지 않으려는 발악에 불과했다. 한국 정치에서 이승만 이후에 등장한 독재자들은 어김없이 이승만이 만들어 놓은 민주주의의 '구멍' 속으로 들어가 임기를 연장하고 권력의 수명을 늘리려 했다.

두 번째로 생겨난 구멍은 '공작'이었다. 선거는 민주주의의 꽃이다. 사람들은 여러 후보 중 누가 더 나의 삶을 바꿔 줄 것인지 고민하고, 그 고민의 결과를 한 표에 담아 행사한다. 즉, 자신의 필요에 따라 사람과 정당을 택하는 선순환 구조가 민주주의 선거의 핵심이라는 말이다. 하지만 이승만은 선순환보다는 악순환의 구멍을 열어두었다. 자신이 왜 필요한지를 설명한 것이 아닌, 저들이 왜 우리 사회에서 사라져야 하는지 설명하는 데에만 열중했다는 얘기다. 그는 각종 비방과 흑색선전, 그리고 공산주의자라는 낙인을 씌워 싱대 후보를 더럽혔다. 심지어 필요에 따라 없는 죄를 만들거나 증거도 없이 일방적으로 상대방을 매도하기도 했다. 이로 인해 사형을 당한 사람까지 있었으니 공약과 필요성에 의해 진행되어야 할 선거는 애초에 사라진 것이다.

세 번째 생겨난 구멍은 '부정선거'다. 이승만은 선거에 승리하기 위해 헌법도 개정하고 국회의원도 협박했다. 하지만 민심은 새로운 미래를 꿈꿨다. 선거가 정상적으로 진행될 경우, 그의 재집권은 불가능해 보였다. 그는 포기하지 않았다. 국민들을 협박한 것이다. 공개 투표를 강요했고, 각종 관권 선거를 자행했다. 그는 결국 이 부정선거로 인해 몰락했다. 하지만 그가 대한민국의 정치 태동기에 남긴 나쁜 선례는 사라지지 않았다. 이승만은 한국을 떠났지만, 그가 만든 민주주의의 구멍은 한국을 떠나지 않았다. 독재는 이승만이 떠난 뒤에도 엎치락뒤치락을 반복하며 이어졌다. 정치적 공작과 부정도 여전하다. 선거판에 건전한 공약과 미래 비전, 시대의 아젠다가 부각되는 일은 없다. 그저 상대를 비방하고 깎아내리는 정치, 삼권분립의 원칙을 깨는 노골적인 개입과 간섭의 정치만이 남아있을 뿐이다.

우스운 것은 그럼에도 우리가 여전히 그를 '계승할지 말지'로 싸우고 있다는 것이다. 엄밀히 말해, 이건 논쟁의 거리가 되지 못한다. 우린 왕조국가가 아닌 '민주공화국'에 살고 있기 때문이다. 민주공화국 운영의 기본 원리는 '권력의 교체'다. 즉, 권력을 잡은 자는 헌법과 법률에 따라 규정된 임기를 충실히 지키고, 그 이후에는 새로운 권력을 위해 길을 내주어야 한다는 뜻이다. 이승만은 이 원칙을 가장 먼저 무너뜨렸다. 오늘날에 와서 일부 세력이 구태여 그를 추켜세우려는 이유는 하나뿐이다. 우리나라 민주주의의 또 다른 구멍, '정쟁' 말이다. 그는 죽어서까지 대한민국의 정치에 큰 구멍을 남기고 말았다.

이승만이 사라진 뒤, 잘못 끼워진 몇 개의 단추는 국민의 자각自
覺을 통해 다시금 채워졌다. 하지만 고작 몇 개가 다시 끼워졌을 뿐,
여전히 많은 단추들이 제자리를 잃은 채 방황하고 있다. 잘못 끼운
첫 단추는 후에 새롭게 정렬할 수 없다. 모든 단추를 풀고 나서야 다
시 시작할 수 있다.

박정희

대통령이 되고 싶어 형을 버린 그 사람

욕망의 정점에 서고 싶었던 카멜레온

박정희는 그야말로 계층상승의 욕망의 정점에 있는, 혹은 있는
것처럼 보이는 사람이었다. '빈민의 아들'에서 큰 칼을 찬 군인
을 넘어 대통령의 자리에 앉았던(심지어는 이를 넘어서고자 했던)
박정희는 한국 근대화의 상징이자 성공의 아이콘이다. 놀라운
인생역전 드라마의 주인공 박정희는 대중의 욕망을 자극했고,
근대화의 꿈을 선동했다.

사실 박정희에 관한 이야기를 시작하려면 아마 끝도 없이 길어질 테다. 그가 대통령으로 재임했던 기간에 관한 논문만 수백 편이 넘으니 말이다. 이 책의 한 꼭지에서 그 모든 것을 다룰 수는 없다. 여기서는 박정희의 욕망과 그 욕망을 실현하기 위해 넘어서야 했던 '것'들에 집중한다.

다른 무엇보다도 박정희를 움직인 것은 성공, 그중에서도 계층상승에 대한 끝없는 욕망이었다. 흥미로운 건, 결과적으로 그 욕망이 그를 여러 번 변화시켰다는 점에 있다. 시골 동네 교사에서 만주군으로, 황군에서 남조선노동당 소속 반란군으로, 좌익 군인에서 '반공 쿠데타'의 수장으로, 그야말로 다채로운 변화였다.

가운데에서도 눈에 띄는 경력이 하나 있다. 바로 남조선노동당 소속 반란군 경력이다. 대체 왜 박정희라는 인물은 해방 공간에서 '공산주의'에 한발을 걸칠 수밖에 없었을까? 우리가 흔히 알던 대통령 시절의 박정희를 떠올린다면 더욱 이해가 되시 않는 선택이다. 정말 그가 진정으로 공산주의에 심취했던 적이 있었던 것일까?

바로 그 변화의 시점에 두 명의 인물이 등장한다. 박정희 성공 스토리의 거대한 분기점이 되었던 바로 그 사건에 등장하는 인물은 놀랍게도 그의 친형 박상희, 그리고 친형의 절친이자 어린 시절 박정희의 우상이었던 동네 형님 황태성이다. 박상희와 황태성, 두 사람 인생의 끝에는 모두 박정희가 등장한다. 그것도 대단히 드라마틱한 변화와 함께 말이다. 박상희의 죽음으로 박정희는 남조선노동당에 가입했고, 황태성의 죽음으로 박정희는 대통령 당선에 성공한다. 그만큼 두 사람은 박정희의 인생의 변곡점에 자리 잡은 인물들이었다. 이 글은 바로 그 지점에 집중한다.

박정희, '빨간' 형들과 마주하다

박정희는 어린 시절부터 남달랐다. 여기서 '남달랐다'는 건 그가 다른 사람들에 비해 특출난 능력이 있었다거나 비범했다는 이야기가 아니다. 그저 남들보다 원하는 바가 컸고, 원하는 바를 얻기 위한 욕망을 숨김없이 표출했다는 뜻이다. 그는 가난한 집안의 5남 2녀 중 막내로 태어났지만, 남들보다 더 배우기 위해 보통학교를 넘어 그 어렵다는 대구사범학교 입학에도 성공한다.

박정희가 언제부터 자신의 욕망에 충실한 사람이었는지는 알 수 없다. 하지만 박정희의 유년 시절에 큰 영향을 끼친 건 무능했던 아버지가 아닌 그의 셋째 형 박상희였다. 전체 가구 수가 90여 호였던 마을에서 박정희 이전에 보통학교에 다닌 사람은 박상희 뿐이었다. 박정희는 그런 그를 보며 욕망을 키워나갔다. 아홉 살이 되던 해 보통학교에 입학했고, 사범학교까지 진학한 것이다.

박상희는 그 당시 동네에서 잘나가는 인물이었다. 선산지역 청년동맹의 준비위원이자 상무위원이었고, 집행위원이기도 했다. 1927년에는 신간회 간부로 활동하기도 했다. 신간회 해소 이후에는 조선중앙일보에 입사해 대구지국장을 맡았고, 이후에는 언론인으로서의 능력을 인정받아 동아일보의 구미지국장으로 활동했다. 박상희는 지역에서 그야말로 '명망가'로 살아가는 사람이었다. 더불어 띠동갑이었던 박정희에게 그는 '존경 받아 마땅한 사람' 그 자체였다.

그런데 이 시기, 그러니까 식민지 시기 박상희의 모든 활동을 가로지르는 사상이 하나 있었다. 바로 사회주의였다. 더불어 같은 시기 박상희와 함께 지역에서 사회주의 활동을 이끌었던 인물도 있었다. 바로 황태성이다. 황태성은 경성제일고등보통학교에 입학했다가 일본인 교장 임명에 반대하는 동맹휴학에 참여하면서 퇴학 당하고, 연희전문학교에서도 비슷한 이유로 퇴학을 당했던, 강단 있는 엘리트 지식인이었다. 이후 고향 구미로 돌아온 황태성은 지역 청년활동을 하면서 조선공산당에 가입한다.

황태성은 죽마고우였던 박상희와 함께 독립운동을 하면서

박상희의 동생인 박정희와도 자연스레 인연을 맺게 된다. 그 즈음 박정희는 '형은 실패한' 사범학교 입학에 성공하면서 자신이 박상희를 뛰어넘었다고 생각했다. 그에겐 이제 형을 넘어 새롭게 존경해야 할 사람이 필요했다. 황태성은 그런 박정희가 우러러볼만한 훌륭한 이력을 가지고 있었다. 연희전문학교라니, 시골뜨기 박정희가 감히 바라보기 힘든 이력이지 않은가 말이다. 박정희는 황태성을 형님이라 부르며 따랐고, 황태성은 친우의 막내 동생 박정희에게 조언을 아끼지 않았다. 박정희는 황태성처럼 되고 싶었다.

이후 박정희 앞에는 여러 선택지가 놓였다. 대구사범학교를 졸업하고 선생님이 되었지만, 박정희의 성에는 차지 않았다. 그에게 사범학교와 교사로서의 생활은 우울한 기억이었다. 박정희는 학교라는 공간 속에서 위계화된 계층질서, 그 속에서도 식민-피식민의 차별구조를 배웠다. 그리고 이를 통해 스스로 올라갈 수 있는 사다리 속 위치도 명확히 이해했다. 아무리 노력해도 '식민지 조선인 출신 선생' 밖에 될 수 없다는 한계 말이다.

박정희는 3년간의 짧은 교사생활을 마감하고 만주행을 택했다. 이때부터 그는 그가 존경해왔던 두 형과는 전혀 다른 길을 가게 된다. 일본인을 넘어설 수 없음에 좌절했던 박정희가 선택한 길은 일본인인 '척' 살아갈 수 있는 일본 군인이 되는 것이었다. 박정희는 스스로의 선택에 최선을 다했고, 곧 꿈을 이룬다.

다카키 마사오라는 이름으로 관동군 장교가 된 것이다.

어떤 면에서 박정희에게 해방은 자신의 선택을 후회하게 만든 악몽 그 자체였을지도 모르겠다. 반대로 이 무렵 박상희와 황태성은 일본의 패전에 대비해 독립 국가 건설을 준비하기 위한 단체인 건국동맹에 가담해 활동하다가 경찰에 체포된다. 박정희와는 달리 두 사람은 독립운동가로서 1945년 해방을 맞았다. 그렇게 두 사람은 해방과 동시에 '패잔병' 박정희를 마주해야 했다.

해방공간이 만들어준 형들과의 재회

1945년 8월 어느 날, 만주군 보병 제8단 장교 박정희는 일본의 패망 소식을 듣게 되고, 곧 주변 조선인 장교들과 함께 무장해제 당한다. 한국으로 돌아오는 과정에서 북경에 삼산 너물면시 광복군들과 뒤섞이게 된 박정희는 '가짜 광복군'에 소속되어 귀국했다. 다행히 그 누구도 박정희가 광복군이었다고 생각지는 않았다. 고향에 돌아온 그는 한동안 별다른 활동을 하지 못했다.

그러던 중, 박정희는 조선경비대 사관학교가 창설되었다는 이야기를 듣는다. 1946년 9월, 그는 고향을 다시 떠나기로 마음먹는다. 아무것도 하지 못하고 집에서 뒹구느니, 다시 칼 차고

총 쏘는 일을 해야겠다는 생각에서다. 해방 이후 그가 선택한 길은 다시 '군인'이었다. 그렇게 박정희는 조선경비대 사관학교 제2기로 입학하게 된다.

박상희, 황태성은 박정희와는 다른 길을 걸었다. 식민지 시절의 독립운동가들은 새로운 시대를 맞아 정치인으로 스스로를 변신시켜 나갔다. 두 사람도 마찬가지였다. 하루가 1년 같이 바쁜 날들이 그들 앞에 펼쳐졌다. 특히 당시 구미에서 박상희의 정치적 인기는 대단했다. 해방 직후 그는 민주주의민족전선 선산군지부 사무국장을 맡았고, 얼마 뒤에는 조선공산당 선산군당 총책이 되었다. 황태성도 마찬가지였다. 박상희와 마찬가지로 조선공산당 당원으로서 정력적인 활동을 하게 된 것이다. 그는 주 활동지역을 옮겨 전라도 지역의 책임자로 활동했다. 더불어 황태성은 박상희, 박정희 형제와도 계속 교류했다. 심지어 박상희에게는 중매를 서주기도 했다. 나중에 박상희 밑에서 태어난 딸 박영옥이 김종필과 결혼을 하게 되었으니, 그 인연이 참 질기다.

하지만 문제가 터졌다. 1946년 대구를 중심으로 벌어진 이른바 '9월 총파업' 때문이었다. 박상희는 총파업 직후인 10월 초, 좌익 계열 인사들과 구미경찰서를 공격해 경찰서장을 비롯한 경찰 관계자 16명을 유치장에 감금시키는 일을 주도한다. 그리고 이를 진압하기 위해 파견된 경찰이 쏜 총에 맞아 사망하고 말았다. 더불어 대구를 비롯한 경북 일대의 시위가 경찰에게 진압되기 시작했다. 살아남은 황태성에게도 선택지가 많지 않았다. 결국 그는 월북을 선택했다.

이 사건은 박정희 인생에 거대한 전환점이 되었다. 형이 죽었다는 소식을 들었지만, 경비사관학교에서 교육을 받고 있던 터라 장례식에 내려가 보지도 못했다. 형의 죽음과 관련해 박정희가 공식적으로 언급한 적은 없지만, 이후 그가 내린 선택의 궤적은 이 사건이 얼마나 큰 상처였는지를 확인할 수 있다. 바로 남조선노동당에 가입한 것이다.

박정희와는 어울리지 않는 옷, 공산주의

박상희의 죽음이 박정희가 남로당에 가입한 모든 이유였는지는 알 수 없다. 박정희가 남로당에 가입했던 당시 한국은 좌익운동의 기반이 상대적으로 우위에 있었다. 좌익계열 정치인들은 특히 청년층 사이에서 많은 지지를 받고 있었다. 더불어 9월 총파업 이후에도 대구 지역에서는 학생운동과 농민운동이 활발히 일어나고 있었다. 남로당 가입과 경비사관학교 입교라는 두 가지 길을 모두 선택함으로써, 자기 미래의 '안전'을 보장받으려 했을지도 모른다는 이야기이다.

그러나 1948년 10월, 여수에 주둔 중이던 육군 제14연대가 남한의 단독정부 수립에 반대하는 시위대 진압명령을 거부하는 일이 터진다. 이른바 여수·순천사건이다. 당시 이승만 정권하에 육군본부 정보국은 군내 좌익세력에 대한 조사를 단행했고, 이를 통해 총 150명을 적발했다. 군대 내에서도 이념 '청소'가 시작된 것이다.

남로당원 박정희도 이 작업에서 예외 될 수 없었다. 당시 소령이었던 박정희는 육군본부 정보국에 즉각 체포된다. 이제 그는 자신의 인생을 건 중요한 선택의 기로에 다시 놓이게 된다. 양쪽에 줄을 대며 상황을 지켜보던 그가 선택한 길은 반공反共이었다. 형의 죽음이 불러온 감정적 선택의 길 하나를 강하게 잘라내기로 한 것이다.

체포 후 남로당에 입당하게 된 동기를 묻는 조사관들에게 박정희는 박상희의 죽음을 판다. 형의 원수를 갚아야 한다는 남로당원들의 권유를 뿌리치지 못해 어쩔 수 없이 입당했다고 말이다. 이후 박정희는 1심에서 무기징역을 선고 받았다가, 2심에서 10년 형으로 감형되었고, 얼마 뒤 훈방 조치되었다. 그의 감형에는 명확한 이유가 있었다. 군 내 남로당 조직 명단을 진술했던 것이다. 육군 정보국은 이 명단을 통해 엄청난 성과를 거두게 되었고, 박정희는 살아남는다. 형의 동지이자, (감정적 선택이긴 했지만) 한때 같은 조직에 몸담았던 이들을 팔아넘기며 구한 목숨이었다.

이후 그의 인생은 우리가 익히 아는 것처럼 흘러간다. 한국 전쟁이 터지면서 다시 군인이 되었고, 장성으로 진급하며 군 내 주요 인사로 성장한 바로 그 성공 스토리 말이다. 그리고 운명의 1961년 5월 16일, 그는 자신을 믿고 따르는 일군의 무리와 함께 한강 다리를 건넜다. 대한민국을 접수한 것이다.

"정희야, 형이야. 태성이형"

1961년 5.16 쿠데타 한 달 뒤, 북한 고위관료 한 명이 임진강을 넘어온다. 바로 황태성이다. 북한에서 남쪽의 쿠데타 소식을 전해들은 황태성은 적지 않게 놀랐다. 쿠데타를 벌인 군인들의 명단에서 박정희라는 이름을 확인했기 때문이다. 그리고는 곧 스스로 '밀사'를 자처한다. "박정희 국가재건최고회의 의장과 '남북통일 문제를 협의하겠다"면서 말이다.

친구의 동생이 쿠데타의 수장이라는 이유로 적국에 밀사로 간다니, 의아하다고 생각할지도 모르겠다. 하지만 황태성은 어릴 적 친했던 동네 동생 박정희와의 관계를 믿었다. 누군가는 그의 근거 없는 자신감을 비웃기도 했다. 실제로 당시 황태성의 상황은 좋지 않았다. 그는 이미 북한에서 한물간 정치인이었다.

1950년대 북한에서는 남로당 출신에 대한 대규모 숙청 작업이 일어났고, 이 과정에서 그의 입지도 줄어든 상황이었다. '큰 건 한방'이 필요했던 순간이었다. 그때 터진 5.16 쿠데타였으니, 황태성의 선택에는 어쩌면 간절함이 있었지 모르겠다.

그렇게 1961년 8월 31일 오전 10시, 황태성은 임진강을 건너 서울 잠입에 성공한다. 이후 그는 박정희를 만나기 위한 필사의 노력을 기울이게 된다. 물론 이 과정에서 김종필과의 접촉 시도도 빼먹지 않았다. 김종필이 누구인가. 그의 가장 친한 친구였던 박상희의 사위가 아니던가. 김종필을 사이에 두고 끊임없이 접촉을 시도한 끝에 황태성은 박정희의 형수이자 박상희의 부인이었던 조귀분을 '컨택 포인트'로 결정한다. 그리고는 편지를 한 통을 전달한다.

안타깝게도 박정희의 생각은 달랐다. 편지를 전달하고 얼마 뒤인 10월 20일, 황태성은 중앙정보부에 체포된다. 그가 중앙정보부 요원들을 보고 느꼈을 배신감은 엄청났을 것이다. 사실 합리적으로 생각하면 박정희의 선택이 딱히 이상하지도 않았다. 박정희는 이미 군내 남로당 색출 과정에서 '생존을 위한 전향'을 한 전력이 있었다. 게다가 남로당 동료들의 정보를 적극적으로 군에 넘기며 살아남았던 그가 아니던가.

문제는 국민들의 눈이었다. 당시 국민들은 쿠데타를 일으킨 장본인이 어떤 사람인지 파악할 필요가 있었다. 박정희의 전력

하나하나가 의심될 수 있는 상황이었다. 게다가 그의 남로당 경력, 그리고 공산주의자로 사망한 셋째 형 박상희의 존재는 충분히 의심스러운 부분이었다. 그런 상황에서 동네 '빨간'형 황태성이 북한에서 동생을 만나기 위해 직접 내려왔다? 의심을 확신으로 바꿀지도 모를 중대한 사안이었다. 특히 박정희의 반대 세력에게는 엄청난 떡밥이었다.

박정희와 쿠데타 세력은 발 빠르게 대응했다. 1961년 12월 1심에서 황태성에게 '국가보안법 1조 2호'를 적용하여 사형을 선고한 것이다. 당황한 황태성은 자신이 간첩이 아닌 '밀사'라며 항소했지만, 이내 기각되었다. 대법원은 1963년 1월 국가보안법으로 사형을 선고할 수는 없다며 황태성에 대한 사형 판결을 파기했지만, 군검찰은 공소장을 변경해 '간첩죄'를 추가한다. 그를 죽이고야 말겠다는 명확한 시그널이었다. 1963년 7월, 육군고등군법회의는 다시 황태성에게 사형을 선고했다.

사실 꽤 긴 시간이었다. 1961년 10월부터 1963년 7월까지 이어진 재판이었다. 그러나 1963년 10월에는 대통령 선거가 예정되어 있었다. 길어진 재판 탓에 그해 9월 말 언론이 이 재판의 존재를 알아채게 된다. 당연히 선거판은 뒤집어졌다. 경쟁 후보였던 민주당 윤보선 후보는 박정희 후보를 향해 '빨갱이' 프레임을 씌우기 시작했다. "공화당은 공산당 자금으로 조직"되었다거나 "간첩 황태성이 20만 불을 가지고 와서 김종필과 접촉"

했다는 식의 색깔론을 펼친 것이다.

민주당이 공화당을 상대로 '사상 공격'을 펼치다니 지금의 상식과는 많이 다른 구도다. 역사가 그래서 재밌다. 박정희 후보가 스스로 "나 빨갱이 아닙니다. 억울합니다"라고 외치던 시절도 있었으니 말이다. 그럼에도 불구하고 박정희는 색깔론을 넘어 대선에서 승리한다. 게다가 그해 11월에는 총선에서도 다수당을 차지하며 의회까지 장악해 버린다.

당선과 동시에 박정희는 빠른 판단을 내린다. 그의 결정은 사형이었다. 육군고등검찰부는 재심 재판이 진행 중이던 사건을 급하게 처리해 버린다. 황태성은 1963년 12월 14일 군부대에서 총살당했다. 박정희가 대통령으로 취임하기 3일 전에 벌어진 일이었다.

급작스러운 총살은 두고두고 미스터리로 남았다. 심지어 당시 민주당에서는 '황태성 생존설'을 제기하기도 했다. 사형 집행 명령이 이루어진 정확한 기록도 남아있지 않다. 대선에서 승리했지만, 선거 과정에서 주요 공격 소재가 된 색깔론을 취임 전에 정리하고 싶었던 박정희의 의지가 담겨 있을 것으로 추측할 뿐이다. 이렇듯 인간의 욕망은 끝이 없다. 그리고 그 욕망의 끝에 선 인간, 박정희가 할 수 있는 선택은 언제나 상상을 초월했다. 박정희의 욕망에 끝엔 무엇이 있었던 것일까?

뭐든 되고 싶어서 뭐든 했던
진정한 사쿠라, 다카키 마사오高木 正雄

위인들의 출생이나 성장 과정이 특출났을 것이라는 기대는 대부분 여지없이 무너진다. 천재적인 자질과 사회적인 성취는 별개이고, 소위 성공을 쟁취한 정치가나 기업가에게서는 오히려 심리적으로도 부정적인 요소가 더 많이 관찰되기 때문이다. 이는 타인을 무너뜨리고 빼앗아야 하는 권력의 속성이 반영된 것이기도 하며, 피도 눈물도 없이 축적해야 하는 자본의 속성이 발현되기에 최적의 조건이 무엇인지를 알 수 있는 대목이기도 하다.

이들 중 많은 경우가 내세우는 성공지상주의 진화론의 논리 구조는 간단하지만 강력하다. 성공을 위해 시도한 모든 나쁜 행동들을 청소하고 합리화해준다. 동족을 죽이고 형제를 배신하고 동지를 배신해도 그것은 성공을 위한 아주 작은 희생에 불과하다고 치장한다. '하면 된다'라는 말 앞에는 '무엇이든', '어떤 짓이든'이라는 수식어가 빠져 있다. 그들은 늘 그럴듯한 논리를 가져오지만, 결국 하고 싶은 말은 이것이다. 바로 '개처럼 벌어서 정승처럼 쓴다'는 이야기 말이다. 그러나 개처럼 번 자들은 개처럼 쓴다. 다만 정승처럼 쓴다고 치장되어 있을 뿐이다. 인간이 자기 극복을 위해서는 열등감 그 자체를 극복해야 한다. 식민지라는 계급전도의 세상이 누군가에게는 기회였을 것이다. "분수에 맞는 삶이라니 개나 줘버려라." 뭐든 해서 출세만 하면 된다. 개처럼 물어뜯고 닥치는 대로 잡아먹어서라도 말이다. 그 역시 그렇게 뭐가 됐고, 또 그렇게 죽었다.

더불어 무능한 아버지와 생활력 강한 어머니 같은 양육환경에서 형제가 부모를 대신하는 롤모델이 된 많은 경우, 부모는 결코 중요한 타자가 되지 못한다. 자신을 낳아준 부모가 자신의 도덕적인 준거가 되지 못하기에 그에게는 도덕적인 아노미가 생긴다. 그 결과는 자신의 유전자에 대한 혐오, 즉 자기혐오의 내재화이다. 혐오phobia는 자존감이 낮은 개체나 집단이 가지는 심리상태이다. 자존감이 높다면 굳이 다른 존재를 낮출 이유가 없다. 나를 높일 의지와 방법이 없는 나약한 존재들이 다른 존재를 깔아뭉개고 낮춤으로써 스스로 높아진다는 착각을 한다. 현실에서는 배신과 집단혐오로 나타난다. 이는 자기혐오의 경우도 마찬가지이다. 이들은 부모를 믿지 못하기에 그 분신인 자신도 믿지 못한다. 그래서 끊임없이 자신을 버린다. 좋게 말하면 환골탈태지만, 실제로는 끝없는 배신을 펼치는 것이다. 그는 동지와 동족, 가족을 팔아 자기가 아닌 다른 그 무엇으로 변신을 시도한다. 그에게는 오로지 추종자만 있을 뿐이다. 동지도, 가족도, 심지어 부인과 자식도 결국은 버려야 할 자기혐오 대상에 불과하다. 동물적인 폭력이나 간교한 술수에 익숙해지면, 남는 것은 타인을 지배하거나 복종을 가장한 배신뿐이다.

그는 평생 여러 일을 하면서 끊임없이 무엇인가 되고자 했다. 교사, 일본인, 황군, 광복군, 공산당원, 국군 장교, 혁명수반, 대통령. 그가 거쳐 온 삶의 궤적이다. 제대로 되고 싶었지만 사실 그 무엇도 제대로 되어 본 적이 없다는 것은 그 자체로 자기혐오를 의미한다. 그는 무엇이 되고 싶었을까, 아니 되고 싶기는 했을까? 혹시 조바심과 두려움에 자기를 불사르고, 세상을 불사른 것은 아닐까.

그의 무덤 앞에서 듣고 싶다. 그에게 박상희는 어떤 의미였을까? 김형욱은 어떤 의미였을까? 김새규는 어떤 의미였을까? 김종필은 어떤 의미였을까? 육영수는 어떤 의미였을까? 차지철은 어떤 의미였을까.

위장 취업의 정치인

수많은 대학생들이 노동 현장으로 '위장' 취업하던 시절이 있었다. 이들이 자신의 신분을 위장하면서까지 험한 곳으로 취업한 데에는 그들 나름의 목표가 있기 때문이었다. 바로 법의 테두리 바깥에 위치한 노동 현장의 현실을 알리기 위함이었다. 이들의 이러한 선택은 위험하고 무모했지만 결과적으로 옳았다. 그들이 그곳으로 가서 현실을 직접 체감하고 그 부당함을 외치지 않았다면, 노동 현장의 변화는 결코 쉽게 일어나지 않았을 것이다.

물론 노동 현장의 변화를 위해서만 위장이 이루어진 것은 아니다. 위장은 어느 시대, 어느 장소, 어느 직업군에나 존재했다. 그들은 각자의 목표를 달성하기 위해 자신의 신분을, 의도를, 생각을 위장했다. 이는 정치의 영역에서도 마찬가지이다. 정치판에 위장 취업한 사람들은 우리가 살아가는 지역, 국가, 나아가 세계 전체를 더 살기 좋은 곳으로 만들기 위해 그곳으로 들어오지 않는다. 이들의 목적은 명확하다. 바로 '더욱 높은 곳으로 올라가겠다'는 것 말이다. 그들은 자신의 '욕망'을 실현하겠다는 일념 하나로 자신의 생각과 사상, 비전을 위장한 채 살아간다.

이들은 어떠한 정치적 비전을 실현하기 위해서 진영과 정당을 선택하지 않는다. 그저 내가 하는 것이 더 멋져 보일 수 있는 정당, 계급과 신분을 상승키기에 더 유리한 진영을 선택할 뿐이다. 때때로 그들은 진영을 넘나들기도 한다. 대표적인 예로 몇 번이나 당을 바꿔 대선을 비롯한 각종 선거에 출마한 어느 정치인을 들 수 있을 것 같다. 오죽하면 어느 노회한 정치인이 그를 두고 '진보로 위장 취업한 보수'라고 말했을까. 그는 자신이 '바꾼' 진영과 정당에 맞춰 핵심 공약과 정책의 방향성도 바꿨냐. 그러니까 그가 바꾸고 싶었던 것은, 우리 사회가 아닌 자신의 정치적 신분이었던 것이다.

나아가 위장 취업을 수없이 반복한 끝에 정치인으로서 정점에 섰던 인물도 있다. 바로 박정희이다. 그는 끝없이 스스로를 '위장'했다. 그는 구미에서 태어난 조선인이었지만, 만주로 넘어가 다카키 마사오가 되었다. 자신을 일본인으로 위장하려 한 것이다. 만약 그것이 그저 자기 만족을 위한 선택이었다면 (백 번 양보해) 그를 손가

락질하기 어려울지도 모른다. 하지만 위장 후 그의 역할이 조선인을 토벌하는 것이었다면? 심지어 그 역할을 '잘' 해내기 위해 노력했다면? 이야기는 당연히 달라진다.

첫 번째 시도에서 자신의 욕망을 충족하는 데에 실패한 그는 이윽고 두 번째 위장의 기회를 노렸다. 박정희는 다시 한 번 군인이 되었다. 그리고 흠모하던 두 형을 따라 남로당도 되었다. 이 시도 또한 실패하는 듯했다. 하지만 그는 이번에도 살아남았다. 이유는 역설적으로 그가 자신의 굳건한 신념과 사상을 지키기 위해 그런 선택을 한 것이 아니기 때문이었다. 위험에 처하자 그는 즉시 동료들의 이름을 팔아 자신의 목숨을 부지했다. 이후에도 그는 멈추지 않았다. 나라를 위한다는 명분으로 위장해 쿠데타를 일으켰으며, 또 다시 같은 명분으로 스스로를 포장하며 대통령이 되었다.

너무 잦은 위장은 때때로 그의 발목을 잡기도 했다. 물론 그의 발목을 잡는 것은 사라져야 마땅했다. 설령 그것이 그가 과거에 흠모하던 대상이었다 하더라도 말이다. 그렇게 그는 한때 존경하며 따르던 사람을 가차 없이 보내버렸다. 그는 좋게(?) 말해 변신에 능한 정치인이었다. 이는 바라보는 시각과 관점에 따라 그를 달리 볼 수 있는 지점이 많다는 이야기이기도 하다. 게다가 그는 집권기간도 길었다. 그 사이 일어난 사회의 긍정적인 변화는 모두 그의 공이 되었고, 부정적인 일들은 매번 감추어지기 일쑤였다.

헌법을 유린하고 독재와 장기집권으로 이어진 박정희의 삶과 정치는 자신의 심복에 의해 종결되었다. 하지만 이후에도 그는 마치 그처럼 자신을 위장하고 싶었던 많은 이들에 의해 포장되고, 또 추앙받고 있다. 죽어서도 그는 그의 뜻과는 무관하게, 아니 어쩌면 '유관'하게 스스로를 위장하게 된 것이다.

그가 세상을 떠난 지 반세기가 다 되어가는 오늘날, 우리는 여전히 자신의 생존과 정치적 신분 상승을 꾀하는 수많은 위장 취업 정치인들과 살아가고 있다. 그들에게는 과연 어떤 결말이 기다리고 있을까. 또 다른 다카키 마사오의 삶일까? 아니면 전혀 다른 무언가일까?

전두환

권력을 위해 국민'들'을 죽인, 전두환

역사적 평가가 무의미한 사람

한국 근현대사에서 전두환이라는 사람만큼 논란의 여지가 적은 사람은 흔치 않다. 하물며 독립운동가나 친일파조차 이념에 따라 평가가 나뉘기도 하거니와, 개인적 호불호가 갈리기도 한다. 그런데 심지어 대통령을 역임했음에도 불구하고, 전두환에 대한 평가는 대단히 혹독한 편이다. 조금만 생각해봐도 그러한 평가는 응당하다. 그가 대통령의 자리에 앉을 수 있었던 배경에는 민주주의를 염원하는 수많은 시민의 피가 서려 있기 때문이다.

그런데 흥미롭게도 그가 대통령으로 있었던 1980년대 대한민국은 찬란한 번영을 누리기도 했다. 경제는 성장했고, 덕분에 중산층은 '내 집'과 '내 차'를 구매할 수 있게 되었다. TV와 스크린 속 대한민국은 명랑했으며, 사람들이 여가를 즐기기 시작했다. 여전히 소수의 한국인은 이를 근거로 '전두환 시절'을 떠올리며 "그래도 그때가 좋았지"라는 추억에 젖곤 한다.

그렇다고 그 시절 한국인들이 누렸던 번영과 화려함이 대통령으로서 전두환의 개인적 능력에 따른 것이었느냐 하면, 그것은 결코 아니다. 이는 3저 호황(저달러, 저유가, 저금리)이라는 국제적인 경제회복 분위기에 한국의 전통적인 산업구조가 맞물리며 벌어진 현상이었으며, 이 가운데서 국제 스포츠 행사(1986년 서울 아시안게임, 1988년 서울올림픽)까지 겹쳐져 만들어진 환상이었을 뿐이다. 누군가 화려한 대한민국의 번영을 만끽하는 동안 다른 한편에서 누군가는 죽음을 무릅쓰고 민주주의를 외쳐야 했던 시절이 1980년대였다.

그래서인지 '역사를 선과 악으로 양단할 수 있는가?'라는 근원적인 질문 앞에 전두환이라는 인물은 대단히 독특한 위치를 점한다. 그가 대통령이 되기 위해 벌인 반민주주의적 행위는 (너무나도 잔인해서) 다양한 역사적 해석 이전에 전두환이라는 개인을 '악'의 위치에 두기 충분하기 때문이다. 그래서인지 전두환 시대, 더 정확히는 5공화국 시절의 일면 '화려했던 추억' 조차 역사적으로 분석하기 어려운 것이 되기도 한다. 마치 그 번영의 추억 속에 '전두환'이라는 이름이 끼어들어 먹칠할 것만 같은 기분이랄까.

그만큼 전두환은 대단히 특이한 역사적 인물이다. 대체 그가 벌인 일이 무엇이기에, 어떤 과정을 통해 권력의 정점에 섰기에 이러한 평가가 주를 이루는 것일까? 이미 너무 잘 알려져 식상할지도 모를 그의 삶을 하나씩 살펴보자.

군인이 되고 싶었던 한 남자

전두환의 어린 시절은 그리 잘 알려진 편이 아니다. 역사학계에서 1980년대가 역사화되기 시작한 것도 그리 오래되지 않았으며, 전두환 개인의 삶을 구체적으로 탐구한 연구도 아직 없기 때문이다. 지금까지의 연구는 전두환 정권 시기의 정책과 그 영향에 집중되었다. 때문에 그의 어린 시절은 그가 남긴 자서전의 기록과 주변 인물들의 기억에 의존할 수밖에 없다.

전두환은 1931년생으로 경상남도 합천에서 태어났다. 정확하지는 않지만, 그의 아버지는 만주에서 배운 한의술로 한의원을 운영하다가 전두환이 5살이 되었을 때 대구로 이사했다고 전해진다. 그렇게 대구에서 해방을 맞은 전두환은 1951년 대구 공업고등학교를 졸업할 때까지 그곳에서 자랐다.

유년 시절 전두환은 학업성적이 우수했다고 알려져 있다. 그는 10대 초반 무렵부터 식품공장에서 배달 일을 병행하며 가정의 생계를 부양하기도 한 것으로 보인다. 또래보다 키가 작았던 전두환은 신체적 한계를 극복하기 위해 중학생 무렵부터는 권투를 시작했다. 고등학교에 들어가서는 축구도 시작했을 정도로 스포츠에 진심이었던 것으로 보인다.

전두환의 유년 시절 기억 중 흥미로운 부분이 하나 있는데, '한국전쟁이 발발하기 전부터 자발적으로 저녁마다 목총을 들고 중학교 교사를 돌며 순찰을 했다'는 내용이다. 그의 유년 시절 친구가 했던 인터뷰이기에 어느 정도 신빙성이 있을지는 모르겠지만, 만약 이 기억이 사실이라면 중학교 시절부터 전두환은 가슴 속에 군인이 되고 싶다는 욕망을 키워나갔던 것으로 보인다.

한편으로 가정 형편이 그리 좋지만은 않았기에 전두환 스스로 군인의 꿈을 키웠을지도 모른다. 당시 직업군인의 길은 가난하지만, 학업성적이 우수한 이들이 쉽게 꿈꿀 수 있는 나름 '성공의 길'이었기 때문이다. 전두환이 군인의 길을 가고자 했던 이유에 대해서는 명확히 알 수 없지만, 그가 일찍이 대학 진학의 꿈을 포기하고 학비가 들지 않는 직업군인의 길을 가고자 했던 것은 분명하다. 고등학교 졸업 후 바로 육군종합학교의 갑종 장교 모집에 응시해 합격한 것이다.

그렇게 전두환은 1951년, 육군사관학교에 입학한다. 여기서 주목해야 하는 건 1951년 육군사관학교 입학생들의 공통된 정체성이다. 1951년 육군사관학교 11기는 이전의 육사와 조금 차이가 있었다. 11기부터 처음으로 4년제 정규 육사가 되었기 때문이다. 여기서부터 그들, 그러니까 육사 11기들의 프라이드가 시작된다. '우리야말로 진짜 육사의 시작'이라는 강한 자존심은 이내 육사 1~10기 선배들에 대한 무시로 이어졌고, 상호 간의 갈등은 한동안 계속되기도 했다. 이러한 프라이드는 훗날 육사 11기를 중심으로 이루어진 신군부의 탄생과 12.12쿠데타의 원인이 되기도 했다.

한편 전두환은 육사 입학 후 안에서도 손에 꼽히는 엘리트로 성장해 나갔다. 1959년 초에는 미국 특수전 파견교육 장교로 선발되기도 했고, 이후 육군 고급부관학교 제46기 군사영어반을 수료하는가 하면 미국 노스캐롤라이나 주 포트브래그의 미육군 특전단으로 군사 유학을 떠나기도 했다. 그곳에서 전두환이 배운 기술은 특수전과 심리전이었다. 그 뒤에도 전두환은 미국의 선진적인 군사교육을 계속 배워나갔다. 조지아 주 포트베닝의 레인저 스쿨을 이수했으며, 미 육군보병학교에서 유격훈련 교관교육을 이수하기도 한 것이다.

쿠데타를 "혁명"으로 둔갑시킨 젊은 장교

그런 그의 인생이 송두리째 뒤바뀐 건 다름 아닌 1961년 5월 16일에 벌어진 쿠데타였다. 당시 전두환은 육군 ROTC 창단 준비위원으로 발탁되어 서울대학교 문리대학의 ROTC 교관으로 있었다. 젊은 위관 장교로서 쿠데타를 바라본 전두환은 그의 인생을 건 도박을 결심한다. 육사 생도들을 이끌고 쿠데타(그에게는 혁명) 지지 선언을 하겠다는 담대한 도박이었다.

전두환은 곧 육사 생도들을 규합해 지지 선언을 주도했다. 심지어 생도들을 이끌고 시내로 나아가 지지행진도 감행했다. 그의 도 넘은 행위를 반대하는 목소리도 있었지만, 쿠데타를 일으킨 세력은 이 행동이 그저 감사했다. 육사 생도들의 지지 선언은 5.16쿠데타에 정당성을 부여해주었고, 국민들로 하여금 쿠데타를 마치 '혁명'으로 바라보게 만들어주었기 때문이다.

그렇게 쿠데타 수뇌 세력, 특히 박정희의 눈에 든 전두환은 곧 국가재건최고회의 비서관으로 특급 승진을 하게 된다. 30살의 젊은 나이, 게다가 대위라는 계급적 한계를 뛰어넘은 사건이었다. 전두환의 도박이 성공한 것이다. 자연스럽게 육사 11기들이 그를 중심으로 뭉치기 시작했다. 그렇게 뭉쳐진 이들이 조직한 군내 사조직이 바로 '하나회'였다. 전두환과 하나회는 박정희 친위대의 역할을 도맡으며 정권의 비호 아래 성장을 거듭해

나갔다.

　이후 전두환은 중앙정보부 인사과장, 육군본부 인사참모부, 제1공수특전단 부단장을 거치면서 누구보다 빠르게 진급했고, 여러 요직을 맡으며 성장했다. 특히 수도경비사령부 제30대대 장으로 있을 무렵, 전두환이 설치한 청와대 주변의 박격포가 1.21 사태 당시 김신조 일당을 소탕하는 과정에서 큰 역할을 하게 되자 그는 박정희의 신임을 더욱 얻게 된다. 그렇게 전두환은 1969년에 육사 동기 중 가장 빨리 대령으로 진급하게 된다.

　1970년이 되자 전두환은 육군 제9보병사단 제29보병연대 연대장 자격으로 베트남 전쟁에도 참전하게 된다. 전쟁 당시 그는 전투 수행능력 부족, 무기 밀매, 수많은 거짓 보고 등으로 부정적인 평가를 받았다. 하지만 그것은 그의 군 생활에는 큰 문제가 되지 않았다. 이 모든 평가를 뒤로하고도 훈장을 받았을 만큼 전두환을 향한 박정희의 신임이 두터웠기 때문이다.

　1974년 1월, 드디어 전두환은 준장으로 진급하며 어깨에 별을 달게 되었고, 1976년에는 대통령경호실 작전차장보로 임명되며 박정희의 최측근이 되었다. 그리고 운명의 1979년, 전두환은 대한민국의 정보를 틀어쥔 국군보안사령부의 사령관으로 임명된다. 박정희의 사망 직전, 권력의 핵심 인사로 거듭나게 되었던 것이다.

두 번의 쿠데타로 대통령이 되다

1979년 10월 26일, 박정희가 중앙정보부장 김재규의 총에 사망한다. 이날 전두환은 자신의 인생을 건 두 번째 도박을 시작한다. 박정희의 죽음을 기회로 뒤바꾸기 위한 맹랑한 도전이었다. 현직 대통령이 권력의 2인자에게 살해당하는 일이 벌어지자 정국은 요동칠 수밖에 없었다. 자연스럽게 계엄령이 발령되었다. 바로 이때, 그에게도 기회가 왔다. 중앙정보부를 대신해 대한민국의 모든 정보를 장악한 국군보안사령관 전두환이 합동수사본부장으로 임명된 것이다. 그렇게 전두환은 10.26 사건의 수사 지휘권을 획득하고, 권력의 정점으로 달려가기 위한 작업에 들어갔다.

전두환이 권력의 정점에 서기 위해서는 우선 군내 서열 1위가 되어야 했다. 이를 위해 전두환이 벌인 일이 바로 12.12 쿠데타였다. 전두환은 자신의 측근 세력이었던 하나회 일당과 함께 당시 계엄사령관이었던 정승화를 10.26 사건과 연루시켜 연행하면서 군을 완벽히 장악한다. 그러나 명목상 대한민국의 대통령은 최규하였다. 쿠데타로 전두환이 장악한 건 아직 '군' 뿐이었다. 이윽고 전두환은 진정한 대한민국 권력의 정점에 서기 위한 만행을 시작한다.

한편, 유신의 수장이 죽자 국가 행정력은 순식간에 무너졌다.

민주주의를 향한 억눌렸던 국민의 갈망은 곧 거리를 가득 메웠다. 대학생들을 중심으로 '유신잔당 척결'과 '민주주의 회복'을 외치며 전국적인 시위가 시작되었다. 그렇게 1980년 봄, 대한민국은 민주주의의 물결이 요동치기 시작했다.

하지만 전두환과 하나회 일당, 그러니까 '신군부'는 민주주의를 향한 국민의 염원과는 반대의 길을 갔다. 국회를 해산하고 야당 정치인들의 활동을 규제하며 다시 반민주적 억압을 시작한 것이다. 민주화를 향한 국민들의 전국적인 시위 열기는 5월이 되어서 절정에 달했다. 서울에서만 10만여 명의 학생들이 서울역 인근으로 모였고, 부산과 대구, 광주에서도 시위가 무르익었다. 국민들은 계엄령 철폐와 더불어 "전두환은 물러가라"는 구호를 외치기 시작했고, 신군부는 '계엄령 아래 질서확립'을 명목으로 시위를 진압하기 시작했다.

일촉즉발의 상황이었던 1980년 5월 15일, 안타깝게도 서울에 모였던 대학생들은 신군부에 사실상 항복하고 '서울역 회군'을 결정한다. 대학생들은 캠퍼스로 돌아갔고, 신군부는 기다렸다는 듯 1980년 5월 17일에 전국으로 비상계엄을 확대했다. 김대중, 김종필 등 주요 정치인이 연행되었고, 학생시위 주동자들이 체포되었다.

서울과는 달리 5월 18일 광주의 대학생들은 시위를 이어가고 있었다. "말 안 들으면 이렇게 되는 거야"라는 경고였을까? 곧 광주는 신군부에 의해 '타기팅'된다. 공수부대가 시위 중이던 학생과 시민들을 무차별적으로 폭행하고 탄압하기 시작했다. 5.18 광주항쟁의 시작이었다. 계엄군은 잔인하게 광주 시민들을 진압했다. 그들의 잔인함은 그야말로 학살 그 자체였다. 전두환이 권력의 정점에 서는 과정에서 희생된, 아니 학살당한 광주 시민은 여전히 통계조차 제대로 파악할 수 없을 지경이다. 사망하거나 행방불명된 이들만 220여 명(보상이 인정된 이들을 기준으로)이며, 부상자를 포함한 피해자는 4,000여 명을 넘어선다.

이로부터 3개월이 지났을 무렵인 8월 5일, 전두환은 두 어깨를 펴고 대장으로 당당히 진급한다. 그리고 국가보위비상대책위원회 상임위원장을 거쳐 진급 16일 만에 예편한다. 이제 그에게 남은 유일한 '진급'은 대통령이었다. 그는 통일주체국민회의에서 다득표로 대통령에 당선되었고, 정당해산령을 내려 야당을 해산시킨 뒤 1980년 10월 27일에 국민투표를 거쳐 새 헌법을 공포한다. 7년 단임 대통령제였다. 이후 전두환은 1981년 1월, 새로 창당한 민주정의당에 입당한 뒤 당 총재에 취임해 새 헌법에 따른 간접선거로 제12대 대통령에 당선된다.

이미 폭력'만'으로는 통제할 수 없었던 대한민국

전두환의 대통령 취임식은 그 자체로 엄청난 쇼였다. 취임 전날부터 장충체육관에서 〈취임 경축 전야제〉라는 이름으로 공연이 진행되었고, 당일 모든 TV에는 전두환 대통령의 취임 축하를 위한 특집 방송이 편성됐다.

그렇다고 전두환의 치명적 약점이 사라질 수는 없었다. 바로 학살을 통해 권력을 잡은 대통령이라는 한계였다. 전두환과 신군부는 자신들의 정치적 정당성에 한계가 있음을 누구보다 잘 알고 있었다. 더불어 '사회정화'를 핑계로 국민들을 억압만 해서는 결코 권력을 유지할 수 없음도 그들 스스로 잘 알고 있었다.

그렇게 1983년부터 본격적으로 이른바 '유화적 정책'이 시행된다. 신군부 정권은 표면적으로나마 폭력적이었던 유신과 자신들이 다르다는 점을 보여주기 위한 작업을 시작한다. 1980년대 초반, 우리가 흔히 명랑한 80년대를 떠올릴 때의 다양한 자유화 조치들이 바로 이러한 조치의 일부였다. 교복과 두발이 자율화되었고, 대학 진학률은 높아졌다.

그러나 유화정책의 핵심은 민주화 세력에 대한 '통제된 자유화'였다. 교복을 벗고 머리를 길렀지만 아무 책이나 읽을 수는 없었던 사회, 더 많은 학생이 대학에 들어갔지만 아무 동아리나 마음대로 가입할 수 없었던 사회, 9시 뉴스를 알리는 '땡' 소리와 함께 "전두환 대통령께서는 오늘"로 시작하는 '땡전 뉴스'가 흘러나오던 사회가 바로 1980년대 한국이었다.

그런데 바로 이 시절, 전두환과 신군부에게 엄청난 찬스가 찾아온다. 자신들의 과오를 덮고 국민들의 마음을 현혹할 어마어마한 빅 찬스였다. 바로 저유가, 저환율, 저금리로 대표되는 '3저 호황' 시기가 찾아온 것이다. '경제가 어렵다'는 기사를 찾기 힘든 마지막 시절 말이다. 심지어 경제성장을 통한 국민 개개인의 실질소득 증가가 소득의 불균형이 아닌 중산층의 성장으로 이어졌다. 소득이 증가한 중산층은 신군부의 유화정책을 물씬 만끽하며 새로운 소비문화를 만들었고, 그렇게 한국에도 해방 이후 처음으로 돈이 돌기 시작한다.

사실 전두환과 신군부의 유화적 조치, 그리고 3저 호황에 따른 중산층 문화의 진작이 이루어질 수 있었던 배경에는 1986년 서울 아시안게임과 1988년 서울올림픽이 있었다. 국제적인 스포츠 경기를 치러야 하는 나라가 폭력과 피보란 얼룩실 수는 없는 노릇이었기 때문이다. 더불어 국제 스포츠 대회를 열기 위한 문화적 소양 또한 일정 수준 이상으로 갖추어야만 했다. 아시안게임과 올림픽은 '세계 속의 한국'으로 도약할 강력한 메가 이벤트였다.

여기에 더해 전두환은 올림픽을 정권 유지수단으로 활용하기 위한 밑작업에 들어간다. 자신이 만든 헌법, 그러니까 제5공화국 헌법에 따르면 전두환은 올림픽이 열리는 1988년에 퇴임을 맞아야 했다. 그는 올림픽만 성공적으로 치러낸다면, 물 흐르듯 자연스럽게 정권 연장을 이뤄낼 수 있으리라 생각했다.

하지만 전두환의 단순한 생각은 곧 암초를 만난다. 유신과 달라지기 위해 스스로 열어둔 일말의 자유화가 자신의 발목을 잡은 것이다. 어찌 보면 당연했다. '국가가 허락한 자유' 혹은 '국가가 허락한 민주주의'는 애초에 허상이었다. 게다가 숨 가쁘게 성장 중인 중산층은 그저 돈만 바라볼 만큼 어리석은 존재들이 아니었다. 그들이 중산층이 될 수 있었던 데에는 고학력이라는 전제조건이 있었고, 그 조건은 곧 민주주의에 대한 욕망으로 번졌다. 결과적으로 전두환의 유화적 조치는 스스로 그를 권좌에서 내려오게 만드는 결정적인 사건과 곧바로 연결된다.

그렇게 대한민국에는 봄이 왔지만…

전두환과 신군부가 열어 놓은 '자유화'라는 덫은 결국 자신들을 자멸의 길로 몰아갔다. 급성장한 중산층이 1985년 총선에서 야당을 선택했던 것이다. 그렇게 다시 정치 일선에 등장하게 된 야당 정치인들은 재야의 운동권 세력과 함께 대통령 직선제 쟁취를 위한 움직임을 시작했다. 특히 직선제의 명분 중 가장 강력했던 건 올림픽이었다. 생각해 보면 올림픽을 강조하며 자유화 정책을 펼쳤음에도 반민주적 통치가 가능하다고 믿었던 전두환의 생각이 얼마나 어리석었는지 알 수 있다. 전 세계인들 앞에서 폭력적이고 독선적인 국가 이미지를 보여주면서 성공적으로 올림픽을 주관할 수 있다는 믿음은 실로 놀라운 망상이었다는 말이다.

하지만 전두환의 권력욕은 꺾일 생각이 없었다. 전두환과 신군부는 야당과 민주화운동 세력의 개헌 논의를 막기 위해 다시 강력한 탄압을 시작했고, 이른바 '용공조작 사건'을 만들어냈다. 그런데 이 과정에서 1987년 1월 서울대생 박종철이 남영동 대공분실에서 고문과 폭행으로 사망하는 사건이 터져버린다. 그리고 이를 계기로 민주화를 요구하는 시민들의 저항은 불타오르기 시작했다.

정신 못 차린 전두환은 시민들의 민주화 요구에 '시국 혼란'을 구실로 모든 개헌 논의를 금지하는 4·13 호헌조치를 난행했다. 당연히 전국은 다시 요동쳤다. 마침내 1987년 6월 10일 '박종철군 고문 살인·은폐 조작 규탄 및 민주 헌법 쟁취 범국민 대회'가 전국 각지에서 개최되면서 제5공화국은 끝을 향해 달려가기 시작한다.

가장 결정적이었던 건 대회 전날인 6월 9일, 연세대 재학생이었던 이한열이 경찰의 최루탄에 맞아 피 흘리며 쓰러진 사건이었다. 이 사건을 발 빠르게 퍼나른 언론 덕에 사건의 진상을 전 국민이 알게 되었고, 6월 10일에는 전국의 거의 모든 지역에서 시위가 산발적으로 이루어졌다. 전두환과 신군부는 이를 감당할 수 없었다.

민주화를 향한 투쟁의 열기가 지속되자, 결국 전두환은 직선제 개헌과 민주화 조치를 약속하는 6·29 선언을 발표한다. 국민들을 학살하면서까지 권좌에 오르고자 했던 전두환은 그렇게 7년 만에 무너졌다. 직선제를 통해 당선된 다음 대통령이 여전히 군 출신이자 하나회 출신인 노태우였지만, 지금의 제6공화국 헌법이 탄생하면서 대한민국의 민주주의는 분명 한 단계 성장했다.

이후 민주화의 상징과도 같은 정치인인 김영삼이 대통령의 자리에 앉으며 1995년 말 전두환은 전격 구속된다. 죄목은 반란수괴, 반란모의참여, 상관살해미수, 내란수괴 등 수십 가지였다. 그는 1심에서 거액의 추징금과 함께 사형을 선고 받았지만 2심에서 무기징역으로 감형되었고, 1997년 4월 무기징역과 추징금 2,205억 원의 판결을 확정했다. 전두환은 김대중 대통령 시절인 1997년 12월에 사면됐다. 그리고 죽을 때까지 추징금을 완납하지 않았다. 안타깝게도 살아생전 전두환은 단 한 번도 자신의 죄, 특히 광주 시민들을 학살한 죄를 인정하지 않았다. 사과도 없었다.

우리가 과거를 기억해야 하는 이유가 바로 여기에 있다. 생전의 전두환에게 묻지 못했던 그의 죄를 기억함으로써 앞으로 우리가 지향해야 할 공통된 가치를 만들기 위함이다. 서로의 이념과 국가관은 다르더라도, 우리가 공히 지켜나가야 할 단 하나의 가치가 있다면 그것은 바로 '민주주의'다. 그리고 민주주의를 억압하고, 그 과정에서 수많은 국민을 학살한 인물을 제대로 기억하는 것이야말로 국민으로서의 기본 소양이 되어야 한다.

선민의식으로 국민을 타자화한
박통 미니미 전두환

'전두환=청년 엘리트 장교'라는 등식은 낯설다. 무식하고 무자비
한 군바리 학살자의 이미지가 그에게 더 어울린다. 그러나 냉전 시
기 제3세계 대한민국에서 전두환은 미국 군사 유학까지 다녀온 엘
리트가 맞다. 전두환은 비록 가려져 있었을지는 몰라도 박정희의
군사정권을 유지하는 군부 엘리트 집단의 핵심 리더였다. 그는 4년
제 정규 육사의 1기이며, 미국 군부가 특별한 목적으로 설치한 특수
전 심리전 과정을 이수했다. 박정희의 쿠데타를 지지하는 육사 생
도들의 거리 행진을 선도했으며, 그 덕에 박정희의 눈에 들어 중앙
정보부 인사과장, 육군본부 인사참모부, 제1공수특전단 부단장 등

핵심 요직을 거치게 되었다. 1976년 대통령경호실 작전차장보가 되었으며, 1979년에는 최고의 정보 엘리트 군인인 국군 보안사령관이 되었다. 10.26 사건 이후 전두환의 권력 장악은 결코 우연의 산물이 아니었다. 박정희가 직접 키운 본인의 미니미가 그 자리를 승계한 것과 다르지 않기 때문이다.

그래서인지 전두환의 행동방식에는 이전 혹은 동시대의 군부 인사들과는 다른 FM(미국 육군 교범)의 흔적이 보인다. FM에 따라 육사 동기들을 조직했고, 군부에 여러모로 개입했다. 아울러 비극적이지만 전두환의 광주에서의 시민학살은 통제, 고립, 섬멸 같은 특수전 교본을 거의 그대로 따랐다. 이는 부마항쟁 당시 전임자인 박정희의 방식과는 전혀 달랐다. 적지 않은 연구자들이 의아하게 생각하는 지점이기는 하지만, 오히려 그가 베트남 파병 당시 보인 무능과 부패는 그가 군대를 어떻게 보고 있었는지를 이해할 수 있는 최적의 사례이다. 어찌 보면 당연했다. 그는 정규병력을 이끌고 적군 병력을 상대하는 것보다 군내 정치와 정보활동으로 성장했다. 당연히 실제 전투 수행능력은 부족했거나 관심이 없었을 것이다. 대신 그는 (특수전 교본대로) 필요한 자금을 쉽게 확보할 수 있는 방식으로 무기를 빼돌려 밀매했고, 부족한 전공과 자신의 무능을 숨기려 수많은 거짓 보고를 했다. 애당초 그에게 군대는 정치의 도구에 불과했다. 집권 과정에서 그가 선보인 전략과 전술은 그 자체로 미국이 벌인 제3세계 특수전 사례의 모범일 것이다. 다시 말해, 삼청교육대, 언론 통폐합, 교육 자유화 등의 조치들은 전두환이 시민을 상대로 벌인 특수전이라는 말이다.

전두환 같은 경우를 우리는 '모범생 빌런'이라고 부른다. 작은 말썽 안 피우고 성실하게 교과서대로 공부해서 가정이나 학교 같은 곳에선 착한 모범생 말이다. 그런데 이들에게 나쁜 롤모델이 제시되면 어떨까? 비록 빌런일지라도 이들은 자신이 맡은 역할을 착실하고 모범적으로 수행해낸다. 보통의 인격은 스스로 성장하고 틀을 깨서 공동체의 도덕과 윤리 의식으로 사회화되지만, 전두환 같은 모범생 빌런은 성장하지 못하고 자신이 설정한 롤모델에 빠져버린다. 이들은 한번 설정된 목표에는 불독처럼 집요하고 수행력이 뛰어난 인간이다. 배운 대로 잘 적용하고 응용력이 뛰어나다. 주제파악이나 상황파악도 잘하기에 기회 포착에도 능하다. 나아가 자신의 결함을 잘 보완하고 현실에 맞는 선택을 할 수 있는 인간이기도 하다. 그렇지만 어떻게 해도 박통 미니미에서는 벗어나지 못한다. 재임 기간 전두환은 선진조국 창조를 외치면서 뒤로는 엄청난 부정축재를 했고, 그것을 교활하게 자식들에게 잘 숨겨뒀다. 광주학살에 대해 재판을 받으면서도 잘(?) 적응했다. 누군가는 의아해할지도 모르지만, 이 역시 롤모델을 잘 만나서 FM대로 배운 특수전과 심리전 학습의 효과일 것이다. 그는 모범생 빌런이었다.

하나도 옹호할 수 없다

그는 어떤 식으로도 옹호될 수 없는 인물이다. 민주적 절차를 거치지 않아 정통성이라고는 전혀 없는 신군부는 국민들의 인권을 무참히 짓밟았다. 수많은 국민들이 적도 아닌 '우리' 군에 의해 유명을 달리했다. 1980년 5월 광주에서 일어난 대규모 학살이 대표적인 예이다. 생각만 해도 분노가 치밀어 오른다. 난 1986년생이고 태어난 곳은 경북 의성이며 자란 곳은 부산광역시지만, 조금 더 일찍 광주에서 태어났더라면 그게 곧 내가 겪었을 일이었다. 혹자는 "전두환이 전문가에게 믿고 맡겨서 적어도 경제 정책만은 잘 굴러갔다"고 말하기도 한다. 하지만 이는 조금만 생각해보면 논리적으로 맞지 않다. 대통령이라는 사람이 아무리 전문가라도 믿고 맡기는 것이 과연 민주주의인가? 그것이 책임 정치라고 할 수 있을까? 더불어 '믿고 맡기는' 것은 맡기는 당사자가 해당 분야에 대한 뚜렷한 목표와 의지, 비전이 있을 때 가능한 표현이다. 그런데 전두환이 경제 정책을 전문가에게 믿고 맡겼다는 말 앞에는 더 중요한 말이 생략되어 있다. '모르기 때문에'라는 표현이다. 그는 몰라서 그냥 맡겼던 것뿐이다. 경제 전문가에게 맡긴 것도 인정할 수 없듯, 집권의 마지막 장면에서도 인정할 것은 없다. 호헌 조치 이후 국민들의 민주주의에 대한 염원이 들불처럼 번지자 등 떠밀리듯 6.29 선언을 한 것이기 때문이다. 그럼에도 전두환이 "이승만이나 박정희처럼 독재는 하지 않았다"고 말하는 사람들이 있다. 답답한 소리다. 독재는 원래부터 해서는 안 되는 것이기도 하거니와 선언 이후에도 자신의 심복인 노태우를 앞에 세워 조종할 궁리나 했던 인물이기 때문이다. 내려오려고 한 것이 아니라 그저 잠시 뒤로 빠져 있으려 했던 것이다. 만약 그의 계획이 성공했다면 우리는 어쩌면 전두환이 죽는 그날까지 군부의 그늘에 있어야 했을지도 모른다.

전두환은 김영삼 대통령 체제에 들어서고 나서야 '그나마'의 처벌을 받게 되었다. 하지만 '그마저도' 일찍 풀려났다. 무기징역을 선고 받았다가 2년 만에 특별사면을 받은 것이다. 당시 한 기자가 교도소 생활에 대해서 한 말씀만 해달라는 질문을 던졌다. 전두환은 답했다. "교도소 생활이라는 게, 여러분들은 교도소 가지 마쇼. 고것만 내가 얘기하고 싶습니다." 가관이다. 자신 때문에 죄없이 감옥으로 끌려간 사람들이 얼마나 많은데 저런 말을 내뱉을 수 있을까? 그날 전두환은 '반성'이라곤 찾아볼 수 없는 해맑은 모습으로 자택을 향했다. 제대로 처벌하지 못했다. 제대로 사과 받지 못했다. 제대로 추징하지도 못했다. 누군가의 눈치를 보게도 만들지 못했다. 그는 죽는 날까지 당당히 골프를 치러 다니고, 호화로운 음식점에서 맛있는 음식을 즐겼다. 단죄하지 못한 결과는 그를 추종하는 세력이 여전히 거리를 활보하게 만들었고, 아무렇지도 않게 그를 '전 장군'이라며 치켜세울 수 있게 만들어 주었다.

언제쯤 민주주의를 짓밟은 학살자에 대한 온당한 평가를 내릴 수 있는 날이 올까? 언제쯤 그들을 누구도 옹호할 수 없는 세상이 올까? 단죄해야 할 자를 단죄하지 못한 것, 이것이 어쩌면 대한민국 근현대사의 가장 뼈아픈 부분일지도 모른다.

3장

내부자들

수양대군과 한명회

계유정난의 수장 수양대군, 설계자 한명회

형의 그늘에서 벗어나려 했던 사람

조선은 건국 후 굉장히 빠른 속도로 안정을 찾아갔다. 세 번째 왕이었던 태종의 피비린내 나는 숙청으로 그의 아들이 왕 노릇을 할 무렵에는 아이러니하게도 정치에 안정이 찾아왔다. 그가 바로 세종이다. 세종은 아버지가 만들어 낸 강력한 왕권을 바탕으로 '성군'이라 기억될 정도의 태평성대를 만들어냈다. 세종은 스스로 추구한 이상적인 '유교 정치'를 완성형으로 구현해냈다.

그런 세종에게 단 하나의 약점이 있었다면 맏이가 아니었다는 점이다. 그의 아버지가 그랬던 것처럼 세종도 셋째로써 우여곡절 끝에 왕이 된 사람이었다. 세종은 스스로 추구한 이상적 유교 정치과정에서 자신이 가진 한계를 그의 자식까지 이어지게 하고 싶지는 않았다. 그렇게 세종은 왕이 되고 3년 만에 첫째를 세자로 책봉한다. 그가 바로 훗날 문종이다.

세종은 엄격한 교육을 통해 아들 문종을 '흠결' 없는 세자로 만들기 위한 몸부림에 들어간다. 문종은 대단히 뛰어난 세자였다. 어쩌면 그의 아버지가 어린 시절부터 온종일 옆에 끼고 학문을 가르쳤던 보람이었을지도 모르겠다. 덕분에 문종은 순조롭게 아버지 옆에서 정사에 참여하며 조선이라는 나라의 정치시스템을 이해해 나갔다. 세종 말엽에는 문종이 직접 신하들에게 조회朝會 받고 국가의 중대사를 제외한 서무를 관장하기까지 했으니, 이미 그는 왕이 되기 전부터 나름의 시험을 통과한 것이나 마찬가지였다.

적장자로서 왕이 된 문종은 정통성은 물론이고 실전 경험까지 그야말로 빵빵했던 완벽에 가까운 왕이었다. 그의 권위에 도전할 수 있는 이는 당연히 없었다. 한편으로 문종의 즉위와 통치는 조선의 정치시스템이 안정적인 궤도에 올랐다는 상징이기도 했다. 이제 문종의 아들도 문종 자신이 그랬던 것처럼, 시스템을 벗어나지 않고 잘만 따라와 준다면 금상첨화였다.

하지만 역사에는 늘 변수가 있게 마련이다. 인간이 합리적이지 않은 만큼, 어쩌면 인간의 욕망에 비례한 만큼, 역사에는 변수가 자리 잡고 있다. 이 무렵, 그러니까 문종에 이어 그의 아들이 왕위를 물려받을 바로 그 무렵, 문종의 친동생이 품은 과도한 욕망이 변수로 떠오른다. 그가 바로 세종의 둘째 아들이자, 계유정난의 주인공인 수양대군이다. 생각해보면 그리 어색한 욕망도 아니다. 당장에 그의 할아버지가 동생을 죽이고, 형을 쳐서 왕이 된 태종이니 말이다. 수양대군이 품은 욕망은 갓 태어난 나라에서 흔히 있을 법한 일이기도 했다.

하지만 형이 세자, 그리고 왕이었던 시절에 수양대군의 욕망은 철저히 거세되어 있어야 했다. 문종은 아버지를 꼭 빼닮은 뛰어난 인물이었기 때문이다. 수양대군이 형을 대신해 빛날 수 기회는 흔치 않았다. 하지만 수양대군은 차츰 '나도 할아버지처럼 되고 싶다'라는 욕망을 키워나가기 시작한다. 비록 형을 대신하지 못할지언정, 조카를 대신할 수 있을지도 모른다는 욕망 말이다.

수양대군의 욕망이 배 밖으로 튀어나올 수 있었던 배경에는 문종의 건강 문제가 자리 잡고 있었다. 세종의 병환이 깊어지자 아버지를 대신해 국정을 살피던 문종도 병세가 깊어졌기 때문이다. 문종은 비록 어린 아들이었지만, 세자가 자신의 왕위를 물려받아야 한다는 생각을 굽히지 않았다. 그렇게 수양대군의 바람(?)대로 문종은 세자의 나이 12살이 되었을 무렵 사망했고, 어린 세자는 정통성 하나만을 무기로 왕위를 잇는다. 그가 바로 단종이다.

수양대군의 '장량' 한명회, 판을 짜다

수양대군의 욕망이 폭발하던 그때, 그의 욕망을 현실로 만들어 줄 마법사 같은 인물이 혜성처럼 등장한다. 그가 바로 한명회 다. 그는 수양대군, 그러니까 훗날의 세조에게 "나의 장량(한나 라를 세운 유방의 책사)이로다"라는 평가를 받은 인물이다. 실제 로 한명회가 없었다면, 그는 영원히 역사 속에 세조가 아닌 수 양대군으로만 머물렀을지도 모르겠다.

그래서였을까? 한명회가 역사에 전면으로 등장하는 건 수양 대군이 왕이 되겠다고 마음먹은 순간과 겹친다. 한명회는 조선 의 개국공신 가문에서 태어났다. 하지만 그의 부모님이 일찍이 돌아가셨기에 경제적인 어려움이 컸으며, 이로 인해 사실상 종 조부 밑에서 컸던 것으로 보인다. 그의 어린 시절 기록을 살펴 보면 건장한 풍채에 빼어난 용모를 갖춘 인물이었고, 주위 사람 의 신망을 받았던 것으로 보인다. 그런 그에게 종조부는 자연스 레 큰 기대를 하게 된다.

한명회에게 약점이 하나 있었다면 그건 바로 시험 운이었다. 그는 명석한 머리를 가졌음에도 늘 과거에는 실패했던 것으로 보인다. 하지만 과거에 합격하지 못하고 음서제를 통해 말단 직급인 궁지기에 머물렀던 것이 이후 그의 삶을 변화시키는 데 큰 영향을 주게 된다. 궁지기로서 군사훈련을 받고, 진법을 숙지한 것이 이후 수양대군과 함께 계유정난을 일으키는 데 결정적인 역할을 했기 때문이다. 아무튼, 단종이 즉위하던 해에 한명회는 그의 친구 권남을 통해 수양대군을 소개받게 된다. 40세 가까운 나이에 '주군'을 만나 일약 정국의 핵심인물로 부상할 기회를 잡게 된 것이다.

당시 수양대군이 어린 조카의 왕 노릇을 어떻게 바라보고 있었을지는 명확히 알 수 없다. 다만 수양대군은 단종 이래로 약해진 왕권과 그로 인해 단종 주변의 권신들이 마치 왕이라도 된 듯 설치는 꼴을 그대로 볼 수 없다고 생각했다. 대표적인 이들이 바로 김종서와 황보인이었나. 사실 두 사람의 '과도한' 국정 참여는 어린 나이에 왕위를 이을 아들이 걱정된 부왕 문종의 부탁에 따른 것이었다. 문제는 이렇게 집중된 권력을 국가적 위기로 본 수양대군의 시선이었다. 수양대군에게 작금의 상황은 비정상이었다.

수양대군은 한명회, 유응부, 신숙주 등의 측근 세력을 조금씩 키워나가며 이들을 견제하기 위한 작업에 들어갔다. 반대로 김종서와 황보인은 안평대군과 금성대군을 껴안으며 수양대군의 야욕에 맞섰다. 사실상 그렇다 할 명분도, 세력도 없었던 수양대군은 정치적으로 고립되기 시작했고, 이를 뛰어넘을 묘수가 필요해지기 시작했다.

바로 이때 망설이는 수양대군을 설득한 사람이 바로 한명회였다. 그는 수양대군을 설득해 주변의 하급 무사들과 관계를 맺기 시작했고, 활쏘기 연습을 명분으로 술과 안주를 베풀며 그들을 '자기 사람'으로 만들어나갔다. 그 덕에 나름의 세력을 짜 맞춘 수양대군은 곧 정국을 뒤엎을 거사를 준비하기 시작했다. 하지만 거사에도 명분이 필요한 법이었다. 여전히 수양대군에게는 명분이 약했다.

이 무렵 김종서와 황보인의 인사행정 사건이 터진다. 이른바 '황표정사'로 대표되는 불법적인 채용 비리였다. 김종서와 황보인이 주도한 전형적인 코드인사였다. 수양대군은 이를 명분으로 삼기로 했다. 간악한 권신들이 자신들에게 줄을 댄 몇몇을 관직에 앉히고 어린 국왕을 농락해 나라를 망치고 있다는 논리였다. 명나라 사신으로의 다녀온 수양대군은 곧장 거사를 준비한다. 그렇게 조선에서는 다시 '피비린내' 나는 쿠데타가 시작되려 하고 있었다.

계유년이 벌어진 난리를 받아들이지 못한 이들

계유년, 정확히는 1453년 음력 10월 10일에 수양대군과 그의 측근들은 행동에 들어간다. 한명회의 지휘통솔 아래 몇몇 하급 무관 출신 측근들이 경복궁을 점령한다. 사대문만 장악하면 끝이라는 생각과 함께 수양대군은 관복 차림으로 김종서의 집으로 향한다. '설마 수양이?'라는 생각으로 낌새를 알아차리지 못한 김종서는 그를 집 앞에서 맞이한다. 몇 마디 담소가 이어졌고, 무방비 상태의 김종서는 수양대군의 가신이었던 임운의 철퇴에 쓰러졌다. 그렇게 계유정난이 시작되었다.

다음으로 단종을 찾아간 수양대군은 김종서가 안평대군과 손을 잡고 역모를 꾸몄다고 보고한다. 사실상 단종을 협박한 그는 '왕의 명'을 빌려 조정의 관료들을 입궐하게 한다. 이 과정에서 한명회가 작성한 이른바 '살생부'를 통해 조정 대신들의 생과 사가 갈렸다. 수양대군의 반대파에 해당하는 이들 모두 철퇴에 맞아 죽음을 면치 못한 것이다. 영의정이었던 황보인이 이때 사망했고, 김종서와 힘을 모았던 수양대군의 동생 안평대군도 반역죄로 귀양을 떠났다. 수양대군의 완승이었다.

이제 수양대군은 선택해야 했다. 조카인 왕을 죽이고 왕이 될 것인지, 아니면 거사의 명분이었던 '정치적 어지러움'을 정리하고 다시 그저 평범한(?) 대군으로서 살아갈 것인지 말이다.

그가 선택한 길은 바로 왕위에 오르는 대신 천천히 권력부터 장악하는 것이었다. 수양대군은 스스로 계유년의 쿠데타를 정난靖難으로 규정하고, 자신의 편에 선 이들을 공신이라 대우하며 권력의 정점에 앉히기 시작했다.

수양대군은 이후 스스로 병조판서, 이조판서 등을 겸하면서 영의정 부사가 되어 국정 전반을 장악했고, 마침내 병권까지 손에 넣는 데 성공한다. 이제 단종이 할 수 있는 일이라고는 왕 자리를 양위하는 것뿐이었다. 단종이 왕이 되고 고작 3년 만에 벌어진 일이었다. 말이 좋아 양위였지, 사실상 왕위를 빼앗긴 것이나 다름없었다. 그렇게 수양대군은 세조가 되었다. 고작 15살난 옛 군주는 '상왕', 즉 물러난 임금이 되었고, 세조는 이런 단종을 관리하기 시작한다.

우려했던 수양대군의 '패륜'에 조선 사회는 충격에 빠진다. 성리학을 근본으로 하는 이들에게 이제 계유년 난리는 그저 정난靖難이 아니었다. 그 자체로 '왕조의 근본'을 뒤흔든 난難이었다. 선위를 가장했지만 사실상 삼촌이 조카를 폐위한 사건이었기 때문이다. 자연스럽게 저항이 뒤따랐다. 일군의 성리학자들에게 수양대군 결코 '군주'로 인정될 수 없었다. 세조가 된 수양대군은 곧 성삼문 등 집현전 학사와 유신들을 회유하기 위해 노력했지만 역부족이었다.

단종을 복위하기 위한 움직임이 시작됐다. 특히 세종과 문종에게 남다른 총애를 받았던 이들은 단종에게 충성하는 것이 조선을 향한 충성이자 선비의 도리라고 여겼다. 무엇보다 계유년 무렵의 정치적 상황이 왕을 뒤바꿀 만큼의 위기였는지 생각해 보면 이들의 입장이 이해가 되기도 한다. 쉽게 말해 정난을 넘어 왕을 뒤바꾸는 '반정'이 되기에는 그날의 칼부림이 너무나도 빈약한 명분 속에서 진행되었다는 것이다.

그래서였을까? 단종의 폐위가 사실상 무르익어 가는 와중에 세종 직계의 자녀들, 그러니까 단종의 숙부와 세조의 형제들은 두 파로 나뉘어 갈등하기 시작했다. 안평대군과 금성대군은 단종을 중심으로 다시 왕권을 세워야 한다는 입장이었고, 임영대군과 영응대군은 반대로 왕실을 '제대로' 보호해야 한다며 세조가 왕위를 이어야 한다는 입장이었다.

그러나 한번 세조 쪽으로 기울어진 분위기는 쉽게 다시 단종 쪽으로 향하지 못했다. 게다가 이미 왕위 찬탈에 성공하고 단종을 상왕으로 앉힌 상황에서 분위기를 뒤바꾸기란 여산 힘든 일이 아니었다. 더군다나 세조는 이미 이들의 저항을 짐작하고 있었다. 세조는 곧 단종과 그를 복위시키려 했던 이들을 잡아들인다.

그렇게 복위운동에 참여한 성삼문을 비롯해 박팽년, 하위지, 이개, 유성원, 유응부 등이 잔인하게 죽음을 맞이한다. 그리고 김시습과 원호, 이맹전, 조려, 성담수, 남효온 등은 관직에서 멀어져 지방에서 여생을 보내야 했다. 역사는 전자를 흔히 사육신이라고 부르고, 후자를 생육신이라 명명한다. 이들 사육신과 생육신은 이후 조선이라는 나라가 망하는 날까지, 아니 어쩌면 지금에 이르기까지 충절의 상징이 된다.

왕을 만든 공신'들'의 세상

복위운동까지 성공적으로 막아낸 세조는 곧 조선의 시스템을 자신만의 스타일로 변화시켜 나간다. 그런데 어쩌면 그 스타일은 자신의 목소리가 아닌 주변의 입김 때문에 만들어진 것이었을지도 모르겠다. 세조 곁에 끝까지 남은 이들은 소수의 측근 세력뿐이었고, 세조는 그들을 통해서만 정치를 운영할 수 있었기 때문이다. 그리고 그 소수의 측근은 곧 공신이라는 이름으로 조선 정계를 장악하고 왕실과의 혼인을 통해 권력을 더욱 강화한다.

세조 시절 국왕 중심의 일원적 지배체제가 가진 한계는 바로 이 지점에 있다. 세조의 할아버지 태종이 그려낸 것처럼 강력한 왕권 아래 관료 집단이 장악된 시스템이 아니라, 국왕과 소수의 측근이 권력을 분점하고 그들이 조선의 모든 이권을 독점하는 비정상적 시스템이었다는 말이다. 결과적으로 세조 이래 그의 아들 예종과 성종 초기까지 계유정난의 공신들은 '훈구'라고 불리며 과다한 토지를 겸병하고 관직을 독점한다. 한명회의 청주 한씨, 신숙주의 고령 신씨, 권람의 안동 권씨 등이 대표적이다.

특히 계유정난의 설계자 한명회는 단종복위운동을 성공적으로 진압하고, 사육신을 처리하는 과정에서 재차 공신에 책록되었고, 이후 20여 년 남짓한 시간동안 무려 4번이나 1등 공신에 책록된다. 게다가 세조와 사돈을 맺어 딸을 예종의 왕비로 만들었고, 다른 딸은 훗날 성종이 되는 자을산군의 아내로 만들었다. 결과적으로 딸들을 2대에 걸쳐 왕후로 삼게 만든 것이다. 게다가 자신의 손자를 성종의 딸이었던 공신옹주와 혼인시킴으로써 3대에 걸쳐 왕실과 겹사돈 관계를 형성하기에 이르렀다.

주군으로 모시던 세조가 죽자, 한명회는 제 세상을 만난 듯 권력을 휘둘렀다. 한명회로 대표되는 훈구 세력의 과도한 권력 장악과 이권 독점은 스스로 정난으로 부르려 했던 계유년의 거사를 그저 권력욕에 의해 저지른 핏빛 만행으로 격하시켜 버렸다. 권력을 잡고 이어진 그들의 인사 폐단은 황표정사와는 비교도 할 수 없을 만큼의 권력 독점을 낳았고, 조선의 정치시스템은 붕괴 직전까지 무너지게 된다.

한 줌도 안 되는 '쩌리'들이 벌인
소수 쿠데타의 정석

만세의 성군 세종이 통치한 시기를 태평성대라고 부르는데 이의를 제기할 사람은 거의 없을 것이다. 그러나 그 시기 정치시스템에 대해서는 그리 긍정적으로 논할 수는 없다. 정치적으로 불안한 부분을 미세한 지점까지 무자비하게 도려낸 태종이 있었다는 것은 그에게서 아들 세종까지 이어지는 강력한 지도력을 의미하는 동시에 정치 그 자체의 실종을 의미한다고도 볼 수 있기 때문이다. 강력한 카리스마 혹은 영명한 군주에 의한 영도력은 시스템이 아니라 단어적 의미 그대로 신의 선물이다. 신의 선물인 군주가 사라지고 나면, 군주의 치세에 익숙한 관료와 학자들만이 남게 된다. 전통사회에서 이는 비극이다. 과거의 치세를 그리워하는 관료들과 이에 부응하지 못하는 새로운 군주 사이의 갈등은 정치적 균열을 낳고, 그 균열을 파고드는 야심가의 출현을 야기하기 마련이다.

한명회는 정치의 부재 시기에 폭력을 정치로 바꾼 간웅이라고 할 수 있다. 한명회의 쿠데타는 과연 실현되는 게 가능할 것인지 의문이 들 정도로 매우 단순했지만 효과적이었다. 말 그대로 닥치고 공격(닥공)이었다. 이는 본인의 문지기 경험을 살린 방식이었다. 궁의 문을 걸어 잠근 채 소수의 암살자로 주요 인물을 살해한 뒤, 왕을 협박해 가짜 명분을 만들어 그 자리를 차지한 것이다. 대규모의 정규 군대가 아닌, 뒷골목의 깡패 몇을 데리고 벌인 초유의 사태였다. 적어도 박정희나 전두환은 최정예의 공수부대나 야전군을 이용했고, 강조도 북방의 정규군을 움직였다. 하지만 한명회는 너무도 허탈한 방법을 썼다. 한명회에게는 아무런 명분이 없었다. 폭군을 몰아내는 것도 아니고, 복수심도 아니었으며, 그렇다고 유교적 이상을 실현하기 위함도 아니었다. 그가 쿠데타를 일으킨 이유는 그저 지극히 개인적인 권력욕 때문이었다. 물론 거기에서는 수양도 예외가 아니었으며, 한명회가 거느린 깡패들도 마찬가지였다. 그들은 순전히 출세하고 돈 벌고 이름을 알리고 싶은 욕심 때문에 수많은 사람을 죽였다.

역사에서는 '유방에게 장량이 있다면 수양에게는 한명회가 있다'는 식으로 그를 포장하기도 한다. 하지만 꽃선비 외모를 가진 한명회는 그저 열등감과 탐욕의 화신일 뿐이었다. 집현전 천재들의 존재와 세종이 만든 시스템은 그에게는 부러운 동시에 넘고 싶은 대상이었을 것이다. 제 실력으로는 넘을 수 없는 거대한 산을 무너뜨리면서, 그는 자신과 수양이 벌인 일을 영웅과 책사의 천하 제패로 포장했다. 그러나 실상 이 사건은 권력욕에 찌든 깡패들의 살육난동이었을 뿐이다.

사실 쿠데타 성공에 가장 큰 기여는 아이러니하게도 세종이 했다. 군주 중심의 통치는 대체로 정치를 무력하게 한다. 안타깝게도 세종의 유일하지만, 치명적인 과오는 정치를 무너뜨린 것이었다. 누구 하나 때문에 존재하는 것이 아닌, 그 자체로 의미가 있는 것이 정치이다. 욕망으로 점철된 인간들이 정치라는 시스템 속에서 서로의 욕심을 견제하기 때문이다. 그런데 철인 군주는 시스템으로서 정치의 가치를 잃어버리게 한다. 철인이 알아서 배치를 해주는데 왜 보통의 인간이 정치를 고민하겠는가?

물론 세종 스스로는 죽기 전까지 이상적인 '유교 정치'를 완성형으로 구현해냈다고 믿었을 것이다. 그러나 대부분의 흉포한 범죄자도 교도소 안에서는 착하고 말 잘 듣는 애완견이 된다. 그게 구조화된 통제의 힘이기 때문이다. 이를 본 대부분의 인간은 커다란 착각을 한다. 세종도 마찬가지였다. 세종은 엄격한 교육을 통해 문종을 완벽한 세자로 만들었다. 문종 또한 순조롭게 아버지 옆에서 정사에 참여하며 자신의 즉위와 통치가 조선의 이상적 정치시스템이 안정 궤도에 올랐다는 상징으로 보여지길 원했다. 그러나 문종의 단명은 그러한 시스템이 모두 허망한 것이라는 것을 여지없이 드러내게 되었다.

그의 어린 아들 단종은 달랑 정통성 하나만을 무기로 왕에 올랐지만, 그 정통성은 현실 깡패들의 소수 쿠데타 앞에 너무나 무기력했다. 결국 세조의 조선은 소수 측근 세력에 의한 권력놀음판이 되어버렸으며, 그들은 공신이 되고 왕실과 혼인하며 그 권력을 더욱더 집중시켰다. 세조의 조선은 군주와 소수의 측근이 권력을 분점하고, 모든 것을 다 가지는 '반' 정치적인 시스템이었다. 그 결과는 어쩌면 역사상 가장 위대한 왕, 세종에게서 비롯된 것인지도 모르고 말이다.

자격지심과 자부심의 경계

역사는 여러 가지 재미있는 포인트를 주는데, 그중 하나가 바로 반란과 쿠데타의 중심에 늘 '자격지심'이 있다는 것이다. 이 원칙은 그일이 우리와 가까운 시점에 일어났는지 혹은 먼 시점에 일어났는지와 관계없이 적용된다. 해방 이후 벌어진 군부 쿠데타는 '나도 꽤 올라왔는데 저놈들이 감히'라는 생각 때문에 일어났다. 우리가 앞서 살펴본 수양대군과 한명회의 쿠데타도 마찬가지이다. 수양은 출생으로 이미 정해진 '순서'에 대한 자격지심과 한계를 가지고 있었고, 한명회 또한 어떻게든 뒤집기를 하지 않으면 궁지기 신세를 면치 못할 인물에 불과했다. 이들의 자격지심이 시너지(?)를 낸 순간, 쿠데타가 일어날 수 있었다.

자격지심은 때때로 얄팍한 자부심과 굵은 교집합을 형성하기도 한다. 대표적인 예가 바로 '학벌'을 통한 차별과 선긋기이다. 예를 들어보자. 2002년 5월 23일, 미디어오늘에 이회창 전 신한국당 총재에 대한 기사가 하나 실렸다. 내용은 이러하다. 1997년 10월쯤 이회창 총재와 신한국당 출입 기자들 사이에 술자리가 열렸다. 당시 대뜸 이회창 총재가 한 기자에게 '어느 대학 출신이냐'고 질문했다. 기자가 고려대 출신이라고 대답하자 그는 이렇게 물었다. "그 대학 나오고도 기자가 될 수 있어요?" 누군가는 이렇게 생각할지도 모르겠다. '1997년이면 거의 30년 전 일 아니냐'고 말이다. 안타깝지만 '그렇다'고 말하기 어렵다. 최근에도 비슷한 일이 있었기 때문이다. 소위 '그 대학' 발언이 대표적이다. 어떠한 정치인이 자신이 서울대를 나왔다는 이유로 비서울대를 통칭 '그 대학'이라고 부른다는 것이다. 심지어 그 정치인은 이 표현을 아주 차별적으로 사용하기로 유명하다. 이런 식으로 말이다. '그 대학 나오고도 장관을 하고 싶어 해?', '그 대학 나온 애들이 일을 잘하겠어?'

내친 김에 한 가지 사례를 더 들어보자. 사건은 바야흐로 2023년, 새만금 관광레저용지 제1지구에서 일어났다. 당시 이곳에서는 새만금 세계스카우트잼버리가 열렸다. 맞다. 모두가 알고 있는 문제의 그 행사다. 진행 과정에서 갖가지 문제가 불거지자 한덕수 총리는 당시 현장을 방문해 참가자들과 이야기를 나눴다. 그는 처음 보는 이들에게 자신을 이렇게 소개했다.

"I'm a graduate of Havard."

그는 이 말 뒤에 자신이 한국의 총리라는 말을 덧붙였다. 행사가 망가지고 있는 순간, 참가자들은 어떤 사람을 만나기를 원했을까. 대한민국의 총리? 아니면 하버드 졸업생?

자격지심과 얕은 자부심의 공통점은 둘 모두 누군가를 밟고 올라감으로써 스스로의 자존 혹은 만족을 채울 수 있다는 점이다. 누군가는 타인의 지위를 밟고 올라감으로써 자신의 '나음'을 확인하고, 또 다른 누군가는 자신의 학벌이나 가문, 물려받은 재산 같은 것들로 스스로의 '우월함'을 드러내고자 한다. 스스로에 대한 단단한 자긍심, 자존감이 무너진 사회에서 우리는 어떻게 살아야 할까? 그리고 그 사회를 대표하는 정치인들은 어떻게 스스로를 정의해야 할까? 어쩌면 한명회는 그 질문을 던지기 위해 아직도 역사 속에서 살아 숨 쉬고 있는 것인지도 모르겠다.

차지철과 김재규

암전한 김재규와 잔인한 차지철의 불편한 동거

1979년의 10월, 그리고 1972년의 10월

"야수의 심정으로 유신의 심장을 쐈다." 1979년 10월 26일 저녁, 대한민국 최고 권력 박정희가 최측근인 중앙정보부장 김재규에 의해 살해된다. 사실 박정희의 죽음에 대한 미스터리 따위는 없다. 너무나도 명확한 상황적 증거와 증인, 심지어 자백까지 존재하기 때문이다. 박정희의 죽음 이후 신군부는 12.12 쿠데타를 통해 정승화 육군참모총장까지 깔끔하게 엮어 날려버리고 보안사(사령관 전두환)의 진두지휘 아래 수사는 빠르게 종결되었다.

내란목적살인과 내란수괴미수죄. 아직은 명목상 최규하 대통령 체제였던 신군부, 그리고 대법원은 '유신의 심장을 쏜 이유'를 정권찬탈의 목적이라 명확히 규정하고 사건을 마무리했다. 그런데 정말 그걸로 끝이었을까? 정작 사건의 가해자 김재규의 이야기는 다르다. 김재규가 법정에서 했던 발언과 항소보충이유만을 놓고 보면 1979년 10월 26일의 사건은 살인이 아니라 혁명이었다. 김재규가 밝힌 살인의 '목적'은 다름 아닌 민주주의 체제의 수호와 회복이었기 때문이다.

그런데 정말 김재규의 말은 모두 진실일까? 중앙정보부장과 민주주의 수호라니, 조금 어색하지 않은가 말이다. 덕분에 김재규의 저 문제적 발언으로 뜻하지 않은 갖은 오해와 왜곡이 발생하게 된다. 유신의 실질적 2인자이자 중앙정보부장으로서 민주주의 탄압에 선봉에 섰던 김재규가 민주화 열사로 둔갑한 것이다.

극단적인 두 이야기를 통해 우리가 알 수 있는 사실은 내란수괴와 민주화 투사 사이 어딘가에 김재규가 서 있다는 정도다. 어쨌든 그는 1980년 1월 28일 대법원에서 사형을 구형당하고, 같은 해 5월 24일 교수형이 집행되어 생을 마감했다. '유신의 심장'을 쏜 지 7개월 만에 벌어진 일이었다.

김재규가 박정희를 쏜 진짜 이유를 알기 위해서는 당대의 상황을 먼저 이해할 필요가 있다. 여러 번의 진술과 마지막 선고 전에 썼다는 보충항소이유서 등에서 재차 등장하는 유신체제에 대한 비판과 자유민주주의에 대한 이야기는 과연 정말로 무엇을 의미하는 것인지도 의문이다. 아무리 생각해도 유신의 선봉이라 할 수 있는 중앙정보부장의 입에서 나올 소리는 아니기 때문이다.

바로 이 지점에서 우리는 한 남자를 더 떠올릴 필요가 있다. 박정희라는 상징적 존재의 죽음 뒤에 가려진, 10월 26일 궁정동 사건의 또 한 명의 희생자 차지철이다. 당시 경호실장이었던 그는 박정희의 사랑을 받기 위해 사사건건 김재규와 마찰을 일으켰던 인물이다. 박정희와 함께 죽음을 맞이하기 직전, 부마항쟁을 탱크로 진압해야 한다는 아이디어를 제공한 인물도 바로 이 사람이다.

유신의 심장은 아니너라노 ㄱ 오른쌀도 오랜 시산을 보냈던 인물이 바로 김재규, 차지철이다. 두 사람은 어떤 과정을 거쳐 대한민국 정점에 섰던 바로 그 사람, 박정희의 마지막 장면에 함께 하게 되었을까? 그리고 김재규는 왜 그동안의 행보와 쉽게 어울리지 않을 말들로 스스로를 변호하며 자신이 박정희, 차지철과 다른 존재라고 항변한 것일까?

"한국적 민주주의"라는 궤변의 시대

1972년 10월 17일 박정희는 '대통령 특별 선언'의 이름으로 체제개혁을 위한 비상조치를 단행한다. 곧 비상계엄이 선포되고 의회가 해산된다. 이른바 10월 유신이다. 외향적으로나마 남아 있던 민주주의는 이후 크게 후퇴할 수밖에 없었고, 박정희의 일인 독재는 더욱 굳건하게 되었다.

박정희 정권이 내세웠던 유신의 정당성은 '새로운 체제'로의 변화였다. 외부적으로는 데탕트의 분위기가 무르익었으며, 내부적으로도 7.4남북공동성명이 발표되며 남북관계의 유화 국면이 조성되고 있었다. 더불어 1967년 총선에서부터 시작된 신민당의 약진과 공화당의 위기는 박정희로 하여금 위기감을 고조시키기도 했다.

이런 분위기는 1971년 신민당 대통령 후보 김대중과 박정희의 대결에서 가장 극렬하게 나타났다. 박정희가 대선에서 아슬아슬한 승리를 맛봤지만, 여론의 흐름은 김대중과 야당에게로 넘어가고 있었다. 이런 분위기 속에서 박정희가 선택한 방법이 국가비상사태의 선언, 그리고 이어진 '국가보위에 관한 특별조치법'의 입법화였다. 유신헌법은 이 과정에서 최종적으로 마련된 안전장치였다. 이 모든 사건이 1년 안에 일어난 일이다.

흥미로운 사실은 유신체제의 핵심에 '자유민주주의'가 있다는 점이다. 제도적 차원의 자유민주주의가 명백하게 부정된 것처럼 보이는 유신체제에서 민주주의라니, 그야말로 궤변이었다. 박정희 정권은 유신을 설명하면서 '자유민주주의 체제 수호'라는 표현을 강조한다. 정확히는 '자유민주적 기본질서'를 위한 체제의 변화였다. 이른바 한국적 민주주의 제도의 확립이다.

유신헌법에 따르면 유신은 민주주의를 포기하는 것이 아니라, "우리의 실정에 맞도록 보다 적극적으로 실천"하는 것이었다. '민주주의'를 범인류적 가치를 지닌 보편적인 것으로 상정하면서 '한국적'이라는 수식어가 단순히 민주주의를 유보시키는 것이 아니라, "한국 민족에 의한 창조적 실천"을 행하는 것이라고 제 나름의 의미를 부여한 것이다. 그렇게 엄격하게 통제된 사회적 분위기가 형성되기 시작했다. '비상'과 '긴급'의 일상화였다. 딱히 비상사태가 아니더라도 집권자가 제 마음대로 '예외 상태'를 규정하면 그것이 상례로 굳어지는 상황이 이어졌다. 그야말로 암흑의 시대였다.

조용한 권력자, 2인자 김재규

이러한 암흑의 시대 속에서 그 암흑을 더욱 짙게 만드는 존재가 있었다. 바로 박정희의 손과 발이자 머리였던 중앙정보부였다. 김재규는 1979년 10월 26일 박정희의 죽음 직전까지 중앙정보부의 수장으로 활동했다. 박정희와 동향이었던 김재규는 박정희보다 9살이 어렸다. 그는 해방 후 경북사대 중등교원양성소를 나와 1946년 3월까지 6개월간 김천중학교 교사, 1947년 8월부터 1948년 6월까지 대륜중학교 교사로 재직했다. 하지만 그 생활은 오래 가지 않았다. 적성에 맞지 않는 일을 내던지고 그가 선택한 길은 군에 입대하는 것이었다. 그렇게 김재규는 1946년 9월 24일 조선경비사관학교 제2기생으로 입교한다.

여기서 김재규는 운명의 상대, 박정희를 동기생으로 만난다. 군 생활 중 큰 인연이 없던 두 사람은 1954년 9월, 김재규가 5사단 36연대장으로 근무하던 당시 박정희가 사단장으로 부임하면서 본격적으로 연을 맺기 시작했다. 박정희는 일본군 경력이 인정되었기 때문에 진급이 상대적으로 빨랐다. 때문에 김재규와 동기생이었음에도 그의 상관으로 부임한 것이었다.

이후 둘 사이에 어떤 사연이 있었는지는 알 수 없으나, 김재규는 5.16 쿠데타에 가담하지 않았음에도 현역 장군으로서 호남비료공장 사장에 임명되는 특혜를 누렸다. 사장이 된 김재규는 군인 특유의 돌격 스타일로 공사 기간을 크게 단축시키는 성과를 내며 박정희의 눈에 든다.

이후 1963년 9월 제6사단장으로 보임한 김재규는 한일회담 반대 운동을 대대적으로 탄압하며 다시 한 번 박정희의 신임을 쌓게 된다. 김재규의 인생이 조금씩 박정희에게로 기울어지는 순간이었다. 그는 1968년 1.21 사태 이후 방첩부대장에 취임했고, 방첩부대가 보안사령부로 개편되면서 초대 보안사령관으로 부임하게 된다.

그러던 중 맞이한 세상이 바로 유신정권이었다. 이때 김재규는 유신정우회 소속으로 국회의원이 되었다. 10.26 사건이 이후 본인은 끝까지 '김재규 장군'으로 남기를 원했다고 주장하며, "나라를 위하여 뭔가를 하려면, 시골에 묻혀 있어서는 안 되겠다고 생각하고 마지못해 의원직을 수락했다"고 했지만 그대로 믿기는 힘들다. 왜냐하면 그 이후로도 그는 박정희를 근거리에서 보위하며 호의호식했기 때문이다.

1976년 12월, 마침내 중앙정보부장에 임명된 김재규는 권력의 2인자로 우뚝 서게 된다. 이제 그는 박정희의 최측근에서 정보수집과 사태수습의 임무를 수행할 수 있게 되었다. 다시 말해, 김재규는 유신과 함께 성장한 박정희 정권의 핵심 인물이었다. 그가 재판과정에서 주장한 민주주의는 지금의 우리가 쉽게 상상할 수 있는 보편적인 민주주의가 아닌 유신만의 민주주의, 그러니까 '한국적 민주주의'였던 것이다. 그는 명확히 유신의 신봉자였다.

잔인한 실세, 경호실장 차지철

여기 이야기의 또 다른 주인공 차지철이 있다. 그는 1934년생으로 박정희나 김재규와 비교해서는 한참 어린 나이였다. 그의 어린 시절은 그야말로 고난이었다. 어머니의 개가 때문이었다. 어린 시절을 더욱 서럽게 만든 건 그의 신분이었다. 서자로 태어났기 때문이다. 차지철은 아버지의 얼굴 한 번 제대로 보지 못했고, 이복형들에게도 냉대와 차별을 받으며 자랐다. 자연스레 그는 어린 시절부터 항상 뿌리 깊은 열등감을 갖게 된다.

하지만 알려진 것처럼 차지철이 머리가 나쁘거나, 단순했던 건 아닌 것 같다. 그는 당대 최고 명문고라 불리던 용산고등학교를 졸업하고, 전쟁 막바지인 1953년에 사병으로 입대한다. 육사 12기 시험에 응시했지만 낙방했고, 1954년에 간부후보생으로 소위를 달았다. 문제는 육사 12기 시험의 실패가 차지철에게 열등감을 더해주었다는 것이었다. 출생과 성장 과정에서 경험한 박탈감은 이후 그가 병적으로 성공과 권력에 집착하게 되는 계기가 되어 버린다.

아무튼 임관 후 차지철은 공수특전단에 배치 받았고, 이후 미군의 특수 훈련을 받으며 엘리트로 성장하기 시작한다. 1960년에 보병학교를 졸업하고 공수단 대위로 있었던 차지철은 공수여단장 박치옥과 함께 쿠데타에 가담하면서 박정희와 인연을 맺게 되었다. 이후 그는 박치옥의 소개로 박정희의 경호 장교로 활동하게 된다. 그곳에서 그는 박정희의 신임을 얻게 되었고, 1962년에 육군 중령으로 예편하여 민주공화당 상임위원을 지낸다. 그리고 다음 해인 1963년, 30살의 나이로 제6대 국회의원에 당선되는 일생일대의 쾌거를 이룬다.

어렵게 얻은 권력은 차지철의 뇌리에 박힌 박탈감과 더해지면서 이상한 방향으로 폭발한다. 바로 최고 권력자를 향한 끝없는 충성과 그 충성을 인정받기 위한 폭력성이었다. 국회의원 차지철은 박정희 정권을 수호하기 위해 같은 현역 정치인들을 폭행하거나 겁박하고, 협박하곤 했다. 그의 폭력성은 여당과 야당을 가리지 않았다. 박정희가 가는 길에 조금이라도 방해가 된다면, 차지철은 언제나 앞장서서 주먹을 쥐었다. 그리고 1974년, 차지철은 드디어 박정희의 경호실장이 된다. 십 수 년을 우직하게 충성한 대가를 받은 것이다.

문제는 여기서부터였다. 차지철은 무소불위의 권력을 마음대로 휘두르기 시작했다. 그는 청와대의 위상을 높인다는 핑계로 경호실장을 차관급에서 장관급으로 스스로 격상시켰고, 비상시에는 경호실장이 수도경비사령부도 지휘할 수 있게 법까지 바꿔버렸다. 자신의 위세를 과시하기 위해 틈틈이 여야 유력 정치인, 언론인을 불러들여 행사를 진행하기도 했다. 그는 이처럼 도를 넘은 행위를 각하, 그러니까 박정희를 위한 것으로 포장했다. 자신의 위상이 높아지는 것이 곧 박정희를 높이는 것이라는 논리였다. 하지만 당연히 그의 본심은 자신이 '2인자'로 자리매김하고, 월권마저 정당화하고 싶다는 것이었다.

이 과정에서 '모든 정보는 꼭 대통령 경호실을 통해야 한다'는 신념이 등장했다. 경호실에서 비서실 업무에 간섭하기 시작한 것도 바로 이즈음이었다. 문제는 '정보'를 쥐고 흔들겠다는 그의 욕심이 중앙정보부와의 갈등으로 이어졌다는 것이다. 그는 중앙정보부장이 박정희에게 보고할 때도 경호실장이 동석해야 한다고 주장했다. 당연히 그 결과는 김재규와의 잦은 충돌이었다.

권력을 향한 갈등이 부른 참극

한편 굳건해 보였던 유신체제도 1970년대 후반 들어서면서 한계에 봉착하게 된다. 경제성장률과 맞먹는 물가상승률, 부동산 가격의 폭등으로 국민들의 불만은 터지기 직전이었다. 결정적으로 1978년 2차 오일쇼크로 물가상승률이 20%대까지 오르자 경공업이 무너지며 사회적, 경제적 불안이 가중되기 시작했다. 당연히 불안은 정치로 옮겨갔다.

그 불안의 중심이 된 곳이 바로 부산과 마산이었다. 박정희

정권에 대한 경남지역 민심이 크게 악화되자, 1978년 12월 치러진 국회의원 선거에서 신민당을 포함한 무소속이 민주공화당의 득표율을 앞서며 크게 약진했다. 다음해인 1979년 10월 무렵에 시작된 부마항쟁은 유신이 안으로부터 무너지고 있음을 말해주고 있었다. 시위는 부산을 넘어 마산으로까지 번졌고, 시위의 주체 또한 대학생부터 노동자, 고교생까지 다양했다.

결국 유신정권은 10월 20일 0시를 기해 마산과 창원 일대에 위수령을 발동한다. 그리고 부산과 마산에 육군 특전사 예하 제1공수특전여단과 제3공수특전여단, 해군 제1해병사단의 제7연대와 2연대의 일부 병력을 계엄군으로 투입했다. 나흘간 이어진 시위로 부산과 마산에서만 총 1,563명이 연행되었다. 세상이 뒤바뀔 준비를 마친 것만 같았다.

문제는 이런 부마항쟁의 한가운데 김재규와 차지철이 자리 잡고 있었다는 사실이다. 그리고 이 부마항쟁을 처리하는 과정에서 마련된 술자리와 그 술자리에서 벌어진 사건이 10.26 사건이다. 결론부터 말하자면 10.26 사건의 전말은 여러 매체에서 말하는 것처럼 그리 복잡하지 않다. 그저 겹겹이 쌓여온 김재규의 분노가 터진 사건이었기 때문이다.

이 분노는 하루아침에 쌓인 것이 아니었다. '순간의 꼭지가 돌아서'라는 말이 아니라, 수년 간 쌓여온 분노가 사건을 일으킨 계기가 되었다는 이야기이다. 더불어 위태해진 자신의 입지도 한몫했다. 1978년 국회의원 선거에서 신민당이 약진하면서, 정권 내의 강경파였던 차지철의 위세가 더욱 강화되었던 탓이다. 이 과정에서 차지철은 언제나 김재규와 중앙정보부를 무시했고, 박정희는 은연중에 차지철의 강경한 입장을 우선으로 생각했다. 차지철은 이때를 노리고 정권의 2인자로 올라서려 했다. 그러자 김재규의 분노가 터져버렸고, 그 분노는 1인자와 자신의 자리를 노리던 자를 향한 무자비한 살인으로 이어졌다.

하지만 우리가 여기서 기억해야 하는 건, 유신의 마지막을 장식한 싸구려 권력투쟁이 아니다. 이 일을 만든 유신을 향한 국민들의 분노다. 유신은 이미 안으로부터 무너지고 있었고, 그 무너짐의 끝에 서로를 향한 총질이 있었을 뿐이다. 비록 유신의 끝이 새로운 군사독재의 시작이었다고 하더라도 당시 국민들은 결코 유신을, 유신이 말하는 '한국적 민주주의'를 진정한 민주주의로 받아들이지 않았음을 기억해야 한다. 유신이라는 긴 겨울을 끝낸 건 자칭 '민주투사' 김재규가 아니라, 국민들이라는 사실도 함께 말이다.

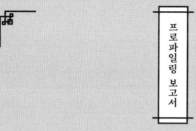

둘 다 죽을 팔자였던
개구리와 전갈

박통은 교활한 인간이었다. 대충 잘 쓰고 잘 버렸다. 장기집권 독재자의 핵심 덕목이 잘 쓰는 것 같지만 사실 더 중요한 것은 잘 버리는 것이다. 어차피 뭘 하겠다는 놈들이야 차고 넘치니 그중 뾸뾸한 놈 하나를 가져다 쓰면 되지만, 머리가 커지고 스스로 뭐가 됐다고 착각하며 기어오르는 놈들을 버리는 건 그리 간단한 일이 아니다. 대충 버리면 두고두고 후환이 되고, 어설프게 버리면 끝내 나의 뒤통수를 칠 것이기 때문이다.

처조카지만 너무 커버려서 자기만의 세력을 가져버린 김종필은 한일회담 때 잘 쓰고 잘 버렸다. 자칭타칭 박통의 책사로 불린 이후

락의 영민함도 빨아먹을 만큼 빨아먹었고, 몸 쓰는 데 일가견이 있던 김형욱도 필요할 때마다 요긴하게 써먹었다. 물론 두 사람은 3선 개헌 유신의 밑밥으로 뿌려 잘 버렸고 말이다. 게다가 비밀공작을 잘하는 이후락이 김일성을 만나고 돌아와 평화통일이라는 것으로 위기를 잘 넘겼다.

다음 차례는 김재규였다. 김재규는 그동안 여러모로 쓸모가 많았다. 특히 정보를 잘 다룬 덕분에 여차하면 무너질 수 있었던 위기를 여러 차례 넘기게 해주기도 했다. 하지만 계속 쓰기에는 문제가 많았다. 그는 좀 '이상한' 놈이었다. 군바리 주제에 민주주의를 고민하다니 말이다. 그건 고향 후배에 사관학교 동기라고 해도 감싸주기 어려운 '중대 결함'이었다. 다음으로 쓸 놈을 찾기 시작했다. '그래, 지철이가 있었지?' 차지철은 열등감에 눈이 멀어 출세를 위해서는 앞뒤 안 가리고 달려드는 인간이었다. 야당 놈들도 여당 놈들도 한 방에 날리는 성질머리로 백만 명도 탱크로 깔아뭉갤 수 있는 '또라이'였다는 말이다. '적당히 재규도 재우면 되는데, 지철이 이 새끼는 누가 처리하지? 그래 두환이가 있었지. 곰의 탈을 쓴 여우!'

어차피 버려질 둘이서 자신이 넘버투라고 아귀다툼을 하는 형국이 벌어졌다. 그러나 박통만은, 아니 어쩌면 여우 전두환까지는 알고 있었다. 이들 둘은 전갈과 개구리, 그러니까 하나가 죽으면 함께 죽을 수밖에 없는 사이라는 것을 말이다. 하나는 자신이 18년 군사독재로부터 나라를 구한 민주투사라고 강변하며 형장의 이슬이 되었다. 또 다른 하나는 그 '자칭' 민주투사가 쏜 총에 사살되었다. 이들은 진정 넘버투가 되려고 아등바등 충성을 다했지만, 겨눠진 총구와 교수대 앞에서 느꼈을지도 모른다. 박정희에게 자신은 넘버투는커녕 마시고 버리는 종이컵만도 못했다는 것을 말이다.

이 둘은 유신의 서로 다른 반쪽이었다. 하나의 운명체라고 할 수 있을 만큼 서로 다르고, 또 같았다. 우선 김재규는 쿠데타에 가담하지 않았지만, 오랫동안 군인을 했다. 방첩부대장과 보안사령관을 거쳐 1976년 중정부장이 되었다. 또한 '한국적 민주주의'를 신봉했지만, 직접 국민의 선택을 받아본 적이 없는 사람이기도 했다. 반대로 차지철은 직접 쿠데타에 참여했지만 일찍 예편했다. 민주주의 따위에는 관심이 없었지만 국회의원이 되었고, 이후 국회 외무위원장과 내무위원장직을 거쳐 박정희의 경호실장이 되었다.

이렇게 보면 박통이 왜 둘을 순차적으로 중용했는지 실마리가 잡힌다. 뭐가 두 사람의 역할이 조금은 바뀐 것도 같지만, 정권 내의 강경파와 온건파 정도라고 하면 크게 어색하지 않을 것이나. 하나가 사라지면 다른 하나도 그 이용 가치를 다하듯, 둘은 동전의 양면이고 박통이 쓴 양날의 검이었다.

박정희는 새로운 집권 환경을 만들기 위해 어느 시점이 지나면 김재규와 차지철을 내치고, 다음 세대인 전두환 쪽으로 그 권력을 자연스럽게 이동시키려고 했을 것이다. 물론 그때쯤 되면 약쟁이 아들놈이 철이 들 나이가 될 것이고, 대를 이어 집권 할 계획이었는지도 모르고 말이다.

어쨌든 분명한 것은 우두머리에게 넘버투는 아무 의미가 없지만, 그 넘버투들은 넘버쓰리가 되지 않으려 발버둥 친다는 점이다. 그래도 민주주의는 전진한다.

무엇으로도 찜찜한

인간은 영원불멸의 존재가 아니다. 따라서 박정희가 가졌던 대통령이라는 신분은 언젠가는 끝날 것이었다. 그보다 중요한 것은 '어떻게 끝나느냐'였다. 유신이 시작되면서 평화적인 정권 교체나 지언스러운 퇴진은 사라졌다. 그렇게 따지고 보면 유신이 시작됨과 동시에 박정희의 죽음이 아니고서는 그 정권이 멈출 길은 없었다. 나이가 들어 사망하거나 아니면 누군가에게 죽임을 당하거나. 앞서 김재규와 차지철을 비교했지만, 사실 박정희까지 세 명을 놓고 보더라도 모두 갈 데까지 간 상태였다. 유신의 종료는 곧 박정희 집권의 종료를 뜻했다. 당연히 박정희 스스로는 멈출 수 없었다. 부산과 마산에서는 민주화를 외치는 목소리가 격렬해졌다. 그는 더 이상 '안전'하지 않았다.

차지철은 그 틈을 놓치지 않았다. 오로지 박정희의 심기를 살피고, 자신이 누리는 부와 권력만을 생각했다. 총칼 앞에 민중은 결국 쓰러질 것이라 생각했고, 그 방식이 잔인하면 잔인할수록 불꽃 또한 더 빠르게 사그라들 것이라고 생각했다. 물론 그들의 목소리가 빨리 줄어들면 줄어들수록 자신의 입지가 더욱 단단해질 것도 분명했다. 김재규는 그들을 쏘았다. 그의 결정은 다른 두 사람에 비해 여러모로 애매하다. 왜 하필 그날이었는지, 그가 그 뒤에 어떠한 세상을 꿈꿨는지 등등. 게다가 그 또한 자신이 '처단'한 유신의 수혜자였다는 점에서 모호함은 더 커질 수밖에 없다. 박정희가 스스로 유신에서 뛰어내릴 수 없었듯, 김재규도 쉽게 멈출 수 없었을 것이라는 이야기이다. 그래서 우리는 그의 의도를 순수하게만 보기는 어렵다. '민주주의의 열망으로' 유신의 심장을 쏘았다고 보기는 어렵다는 이야기이다.

누군가는 이렇게 이야기할지도 모르겠다. "김재규가 뒷일을 치밀하게 도모했다면 어땠을까"라고 말이다. 크게 다르지 않았을 것이다. 다시 한 번 말하지만 그가 '민주주의의 열망으로' 박정희를 쏘았다고 보기는 어렵기 때문이다. 그건 또 다른 유신에게 권력이 넘어가는 것일 뿐, 새로운 세상이 열리는 일은 아니었을 가능성이 높다. 또한 백 번 양보해 그가 민주주의를 위해 그런 일을 벌였다고 하더라도 넘어야 할 산이 너무 많았다. 호시탐탐 기회를 엿보고 있던 다른 군인들의 쿠데타를 어떻게 원천 차단할 것인지, 선거를 통한 평화적 정권 이양은 어떻게 이루어야 할 것인지, 박정희의 죽음을 어떻게 설명할 것인지 등등 말이다.

그럼 이 가정은 어떨까? '김재규가 그 때 박정희를 쏘지 않았더라면 어떻게 되었을까?'라는 가정 말이다. 이 역시 크게 다르지 않았을 것이다. 아니, 어쩌면 더 나빴을지도 모른다. 부산과 마산에서는 훨씬 더 많은 사람들이 군부의 총칼에 의해 상처 입고 죽임을 당했을 것이다. 민주주의는 훨씬 더 오랜 기간 유린당했을 것이고, 씻을 수 없는 더 깊은 상처가 우리 모두에게 자리 잡았을 것이다.

"그래, 그렇게라도 빨리 죽어 다행"이라고? 그 죽음으로 인해 이어진 결과들을 되짚어보면, 그 또한 '다행'이라고 이야기하기는 어려워 보인다. 모두가 아는 것처럼 신군부, 그러니까 전두환이 전면에 등장하는 계기가 되었기 때문이다. 엉망진창 끝까지 간 세 사람이 벌인 79년 10월 26일의 그 사건은 이렇게 생각해도, 저렇게 생각해도 딱 떨어지지 않는다. 무엇으로도 찜찜하다. 이 찜찜함이, 어쩌면 우리가 겪고 있는 또 다른 비극인지도 모르겠다. 박정희 군부는 그렇게 끝이 났다.

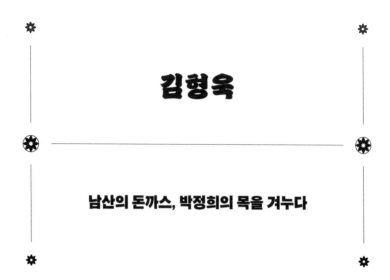

김형욱

남산의 돈까스, 박정희의 목을 겨누다

권력은 나눌 수 없음에

1979년 10월 전 중앙정보부장 김형욱이 파리에서 실종된다. 중앙정보부 역사상 최장기간 기관장을 역임했을 정도로 박정희의 신임을 한 몸에 받았던 인물이 사라진 것이다. 대체 그는 왜 갑자기, 그것도 타국만리 파리에서 실종되었던 것일까? 흥미롭게도 이를 알아보기 위해서는 18년의 장기 집권 과정에서 결코 2인자를 키우지 않았던 박정희 특유의 리더십을 살펴봐야 한다.

5.16 쿠데타는 박정희 혼자만의 '작품'이 아니었다. 쿠데타의 전 과정과 쿠데타 이후에 대한 정치 구상까지 구체적인 기획과 방안은 일부 육사 8기와 5기 세력의 공동 작품이었다. 그리고 이들을 하나로 모으고, 전체적인 판을 짠 인물은 박정희가 아닌 김종필이었다. 1961년 5월 19일에 주한 미군사령관 매그루더가 쿠데타의 진의를 확인하기 위해 만난 사람이 박정희가 아닌 김종필이었다는 사실은 이를 잘 말해준다.

김종필은 쿠데타 이후 정권 장악을 위한 구체적인 기획을 실행하기 시작한다. 그리고 그 첫 번째 과제가 바로 정보기관 창설이었다. 그렇게 만들어진 조직이 바로 중앙정보부다. 중앙정보부는 쿠데타 반대세력을 견제하고 억압하기 위해 만들어진 조직이었다. 검찰만으로는 해당 기능을 수행하기가 불가능하다고 판단한 것이다. 그리고 김종필은 곧 스스로 만든 중앙정보부의 수장이 된다.

중앙정보부는 결코 단순한 정보기관이 아니었다. '정부 안의 또 다른 정부', '국가 안의 국가'라는 평가를 받을 정도로 초헌법적인 기관이었으며, 때문에 이 기관을 장악한 수장은 무소불위의 권력을 누릴 수 있을 정도였다. 그렇기에 미국에서조차 중앙정보부장 김종필을 한국의 진정한 권력자이자 정책결정권자라고 평가했다. 당연히 중앙정보부 인사도 대부분 김종필의 인맥으로 구성되었다. 그와 함께 육군본부 정보국에서 일했던 군인들이 중앙정보부 인사로 발탁되기 시작한 것이다.

정보를 장악한 김종필은 군인들이 안정적으로 정치활동을 할 수 있도록 새로운 정당을 만들기 위한 작업에 착수한다. 그러나 과유불급이라고 했던가. 쿠데타 주도 세력 내에서 반反 김종필 세력이 형성되기 시작한다. 중앙정보부에 의해서 만들어진 정당은 결국 김종필의 사당이 될 것이라 판단한 것이다.

바로 이 시기 쿠데타 세력의 대표적인 부정부패였던 이른바 '4대 의혹사건(증권파동·워커힐사건·새나라자동차사건·회전당구사건)'이 터진다. 부정부패 일소가 목적이라던 군인들이 저지른 어마어마한 비리 사건에 대한민국은 다시 뒤집어졌다. 무엇보다 박정희는 이 상황을 어떻게든 정리해야 했다. 그리고 이때 반 김종필 세력은 이 사건을 김종필과 중앙정보부가 불법적인 자금 마련을 위해 벌인 부정부패 범죄로 몰아갔다.

박정희에게 선택의 시간이 다가왔다. 조카사위이자, 쿠데타를 사실상 기획하고 본인을 수장으로 만든 김종필을 어떻게 처리해야 할 것인가에 관한 판단이었다. 박정희의 선택은 관망이었다. 분명한 입장을 드러내지 않은 것이다. 박정희의 침묵은 쿠데타 세력 내부의 갈등과 분열을 더욱 크게 만들었고, 결국 김종필은 스스로 모든 공직에서 사퇴하고 외유를 택하게 된다. 그렇게 박정희는 말 한마디 없이 2인자로 떠오른 조카사위를 잘라내는 데에 성공한다. 그리고 이 방식은 이후 그의 핵심적인 통치술 중 하나로 자리 잡는다.

쿠데타의 조연, 주연 자리를 꿰차다

김종필은 외유를 떠났지만 중앙정보부는 여전히 그를 포함한
육사 8기가 장악하고 있었다. 모든 공직에서 사퇴했다고는 해
도, 사실상 쿠데타의 주연이었던 그가 그리 쉽게 무너질 리 없
었던 것이다. 그리고 이 과정에서 김형욱이 등장한다. 1963년
7월, 당시 박정희 최고회의 의장이 그를 중앙정보부장으로 임
명한 것이다.

　김형욱은 김종필의 육군사관학교 동기였다. 동시에 군 생활
초기부터 박정희와 꾸준히 관계를 이어나간 인물이기도 했다.
덕분에 그는 쿠데타 직후에 국가재건최고회의 최고위원을 지냈
고, 내무분과 위원장과 운영기획 위원장을 맡았다. 그 역시 쿠
데타의 조연으로서 나름의 입지를 다져나가고 있었던 것이다.

　김종필이 김형욱을 중앙정보부장으로 추천한 것은 그가 '만
만해서'였다. 김종필을 비롯한 육사 8기 사이에서 김형욱은 고
분고분하고 어떤 정보든 함께 공유하며 상의하는 사람으로 평
가 받았다. 하지만 결과적으로 이는 그를 주연으로 만드는 계기
가 되어버렸다. 박정희가 처음으로 출마한 대통령 선거를 총괄

하며 그가 당선되는 데 혁혁한 공을 세운 것이다.

그 이후로 김형욱의 태도가 돌변했다. 친구이자 동기이며, 자신을 중앙정보부장에 추천한 김종필을 향해 라이벌 의식을 드러내기 시작한 것이다. 그는 자신이 가진 정보를 활용해 박정희로 하여금 김종필에 대한 불안감을 자극했다. 또한 대중에 알려지지 않으면서도, 2인자 이상은 절대 꿈꾸지 않고, 박정희에게는 절대적인 충성을 바칠 사람으로 스스로를 포지셔닝했다. 결국 박정희는 김형욱의 그런 모습에 감화되어 그를 김종필을 대체할 2인자로 낙점한다.

마침내 주연이 된 김형욱은 국가보안법을 악용한 첫 번째 중앙정보부장이 되기도 했다. 1964년 '인민혁명당 사건'을 기획하고 혁신계 인사들을 비롯해 언론인과 교수, 학생 41명을 국가보안법 위반 혐의로 구속해버린 것이다. 김형욱은 당시의 경험을 토대로 '한일협정 반대 운동' 당시 학생운동가와 재야인사의 동태를 파악해 이들을 효과적(?)으로 진압하기도 했다.

그가 벌인 또 다른 일로는 '황용주 필화사건'을 들 수 있다. 당시 문화방송 사장이었던 황용주를 반공법 위반 혐의로 잡아넣은 사건이었다. 황용주는 박정희의 대구사범학교 동기였는데, 그 인연으로 문화방송 사장 자리에 앉은 사람이었다. 김형욱이 그런 그를 반공법 위반으로 처리한 건 주변에 포진한 사회주의 전력자들로부터 박정희를 보호하고, 이를 통해 미국의 의

구심을 가라앉히기 위한 술책이었다. 김형욱은 박정희의 불안함을 알고 있었고, 이를 전략적으로 활용했던 것이다.

이후에도 김형욱은 박정희가 인증(?)한 중앙정보부장 역할에 최선을 다하게 된다. 여야를 가릴 것 없이 국회의원들을 사찰하고, 박정희 정권이 기획한 일들이 무사히 국회에서 통과될 수 있도록 협박하고 회유하는 역할까지 도맡게 된 것이다. 그에게 박정희의 말에 토를 달거나 다른 생각을 품는 것은 '반역'이자 '불충'이었다. 그만큼 박정희에게 충성했고, 그 충성을 증명하려 노력했던 사람이 바로 김형욱이었다.

버려진 2인자, 복수를 결심하다

박정희를 향한 김형욱의 충성은 3선개헌 성공을 통해 빛을 발했다. 민정 이양 성공부터 3선개헌까지, 이는 모두 김형욱이 폭력과 협박을 동반해 얻어낸 성과였다. 그러나 문제는 거기서부터 터졌다. 개헌이 날치기 통과되고 국민투표가 확정된 그날, 김형욱은 중앙정보부장 자리에서 경질된다. 그가 전혀 예상치 못한 전개였다.

대체 어떻게 된 일이었을까? 우리는 이미 비슷한 시그널을 쿠데타 직후에 확인한 바 있다. 바로 김종필의 외유를 통해서 말이다. 김형욱의 경질도 비슷한 과정을 통해 벌어졌다. 중앙정보부장의 권력 남용과 의정 활동 간섭이 도를 넘자, 여당에서는 박정희 대통령에게 3선개헌을 조건으로 김형욱 해임을 요구했다. 박정희도 마침 권력의 영원한 2인자인양 권력을 남용하는 김형욱을 견제할 필요가 있었다. 결국 그는 '난 위험한 2인자를 키우지 않아'라고 공표라도 하듯 가차 없이 김형욱을 버리게 되었던 것이다.

그러나 이대로 무너질 김형욱이 아니었다. 김형욱은 1971년 제8대 총선에서 민주공화당 전국구 후보 5번으로 지명되었고, 이내 국회의원에 당선되어 의정활동을 시작한다. '날으는 돈까스'의 화려한 부활이었다. 국회 탄압의 선봉에 섰던 전직 중앙정보부장이 경질 2년 만에 돌아온 것이다. 하지만 부활은 찰나였다. 1972년 10월 17일 유신정권의 성립과 함께 국회가 해산되며 그 또한 실직자가 되어 버린 것이다. 나아가 그는 1973년 사실상 대통령이 임명하는 유신정우회 소속 국회의원 명단에서 제외되었다. 공식적으로 '1인자'에게 버림받은 것이다.

그가 선택한 길은 '복수'였다. 박정희에 대한 원망은 곧 미국 망명으로 이어졌다. 오랜 기간 최측근으로 곁을 지킨 인물이자 최장기 중앙정보부장을 지낸 존재가 망명을 했다는 건 박정희 입장에선 시한폭탄이 미국 한가운데 있는 것이나 다름없었다. 김형욱이 그곳에서 무슨 비밀을 폭로할지 알 수 없는 일이었다.

결국, 박정희는 김형욱을 설득하기 위해 정일권 총리부터 육사 동기이자 친구인 김종필까지 여러 사람을 보내 귀국을 설득한다. 하지만 김형욱은 설득에 불응한다.

운명의 1977년 6월 2일, 김형욱은 기자회견을 통해 박정희 정권의 비리를 폭로한다. 특히 그는 '김대중 납치 사건'을 비롯한 박정희 정권의 반민주적인 행위를 집중적으로 알렸다. 가장 반민주적인 활동을 했던 것으로 악명 높았던 중앙정보부장이 박정희의 반민주적 행위를 알리는 나팔수 역할을 하게 된 것이다.

이때 김형욱의 운명을 또 한 번 바꾸는 일이 벌어진다. 박정희 대통령에게 직접 사주 받은 주미한국인 사업가 박동선이 미국 정치계에 로비활동을 한 것이 문제가 된 것이다. 일명 코리아게이트 사건이었다. 박정희 정권의 비리를 폭로하고 있던 전직 박정희 정권의 유력인사 김형욱에게도 기회가 찾아왔다. 그렇게 1977년 6월 22일, 김형욱은 미국 연방 하원의 프레이저 청문회에 출석해 박정희 정권의 비리 사건을 폭로한다.

중앙정보부장에서 쫓겨난 이후 사람들의 관심에서 멀어졌던 김형욱은 이 사건을 통해 다시 화제의 중심에 선다. 김형욱은 이 관심을 어떻게든 이용해야만 했다. 결국 김형욱은 망명 이후 자신이 폭로한 내용을 정리해서 회고록을 출판하기로 마음먹는다. 이 회고록이 김형욱의 마지막 순간을 앞당기게 될 줄은 그땐 아무도 몰랐다.

김형욱의 미스터리한 마지막 장면

김형욱이 회고록 출판을 공식화한 뒤, 박정희는 김형욱의 지인들을 통해 그를 지속적으로 회유하고 귀국을 종용한다. 결국 김형욱도 끈질긴 요구에 못 이겨 중앙정보부 해외담당차장 윤일균으로부터 거액의 원고료를 약속받고 프랑스 파리로 이동한다. 하지만 파리에 도착해 주프랑스 공사 이상열을 만난 뒤, 김형욱의 공식적인 행적은 지금까지 전해지지 않는다. 그야말로 갑자기 실종된 것이다.

김형욱의 이후 행적에 대해서는 여러 설이 난무한다. 파리 외곽 양계장에서 닭모이가 되었다는 설부터 청와대 지하에서 박정희가 직접 M1 카빈으로 처형했다는 설, 차지철 경호실장이 폐차기에 산 채로 넣었다는 설, 파리 현지 조폭에게 살해당했다는 설까지 말이다. 김형욱의 마지막을 둘러싼 미스터리는 풀리지 않고 있다.

현재 가장 유력하고 신빙성 있는 이야기는 2005년 '국정원 과거사건 진실규명을 통한 발전위원회'에서 발표한 조사 결과다. 당시 중앙정보부장 김재규의 지시로 프랑스에서 연수 중이던 중앙정보부 요원이 그를 권총으로 암살했다는 내용이었다.

조사 내용을 살펴보면 생각보다 디테일한 증언들이 남아있다. 증언에 따르면 당시 현지에서 프랑스어를 배우던 중앙정보부 요원 2명이 동유럽 출신의 조력자 2명을 10만 달러에 고용했고, 김형욱을 납치해 파리 근교로 끌고 갔다. 그리고 조력자 중 한 사람이 소련제 권총 7발을 쏴서 그를 죽였고, 시신은 낙엽으로 덮어두었다.

문제는 시신 처리 방식이었다. 그저 낙엽으로 덮어두었다는 걸 상식적으로 받아들이기 힘들었기 때문이다. 살해과정은 대단히 상세했던 반면, 살해 이후의 행적을 묻는 질문에는 진술을 회피한 부분도 문제가 되었다. 그래서인지 김형욱의 유족들은 여전히 해당 조사 결과를 믿지 않고 있다.

우리는 무엇을 더 주목해야 할까. 김형욱의 마지막 장면에 궁금증을 갖는 건 물론 매우 자연스러운 흐름일 수도 있다. 그냥 지나치기엔 그의 인생이 너무나 드라마틱하기 때문이다. 하지만 우리가 정말로 집중해야 하는 건 그의 입을 통해 적나라하게 드러났던 박정희 정권의 '민낯'이어야 하지 않을까? 결국에는 박정희 자신의 목숨마저 앗아간 특유의 통치술, 그리고 마지막 순간에도 놓지 않으려 했던 그의 욕망까지. 우리는 그 내용을 더욱 주의 깊게 살펴봐야 하는 것은 아닐까?

충성한 만큼 배신했던
열녀, 김형욱

18년 장기집권의 토대를 폭력과 공포정치로 뒷받침했던 김형욱은
1979년 10월 파리에서 실종됐다. 박통에게 김형욱은 자신의 잠자리
와 욕구를 해소해주는 애첩 중 하나에 불과했지만, 김형욱은 박통
에게 몸과 마음을 다 바친 열녀와도 같았다. 남편을 위해서라면 시
체라도 파서 바칠 만큼 갖은 정성으로 뒷바라지하는 열녀라고나 할
까? 박통은 김형욱의 골수까지 다 빼 먹고 버렸다. 조강지처라고 해
도 무방할 부하를 쭉쭉 빨아먹고 던져버렸지만, 그 선택에는 박통
과 악처 김형욱 사이에 존재하는 충성과 배신의 미묘한 긴장감이
존재한다.

고분고분하고 말 잘 듣는 무수리였던 김형욱이 남편을 위한 악처가 된 것은 김종필 같은 쿠데타 세력 속 만만찮은 야심가들의 존재 때문이었다. 애초 박통은 쿠데타 세력 내에서 절대적인 지분을 가지고 있다고는 볼 수 없었다. 게다가 남로당 출신이라는 불안한 과거와 그때까지도 그의 주변에 어른거렸던 사회주의 출신 인사들의 그림자는 깔끔하게 정리하지 않으면 안 될 폭탄, 아니 '똥 덩어리'와도 같았다. 자기 손이 더러워질 수 있는 일이자, 자칫 잘못 건드리면 터질 수 있는 과업. 박통의 의도를 간파한 김형욱은 스스로 손에 피를 묻히는 악처가 되기를 자처했고, 박통은 이를 부추기기도 하고 또 때로는 모른 체 하기도 하며 과업의 성공을 이끌었다.

그 결과, 박통은 친미 반공주의 세력의 카리스마 넘치는 상징이 되었다. 남로당 출신이었던 그가 말이다. 더불어 박통의 이름이 높아지면 높아질수록 김형욱의 욕심도 커져만 갔다. 동기 중에서도 별로 눈에 띄지 않았던, 말 그대로 따까리였던 김형욱이 아닌 김종필을 넘어서는 '본처'가 되려 한 것이다.

권력은 가질수록 스스로 취하고 중독된다. 처음 시작이야 어찌 되었건 관계없이 말이다. 애초 박통은 김형욱에게 김종필을 잠시 대신하는 역할 정도를 원했을 것이다. 민정 이양 대선만을 위한 중앙정보부장으로 그를 낙점했다는 이야기이다. 하지만 결과는 모두의 예상과 달랐다. '따까리' 김형욱이 선거를 총괄하며 박통 당선의 일등공신이 된 것이다. 나아가 그는 무서운 기세로 자신이 가진 정보를 활용해 권력의 넘버투가 된다. 그는 멈추지 않았다. 공포스러운 남산 중정의 이미지를 만들어 냈으며, 국가보안법을 활용해 잠재적 적을 제거하는 데에도, 학생운동가와 재야인사의 동태를 수집하는 데에도 탁월한 역량을 발휘했다. 그리고 나아가 '황용주 필화 사건'을 통해 주변을 어슬렁거리던 사회주의의 그림자들로부터 박통을 보호하고 미국의 의구심을 없애는 데에도 성공했다. 당연히 이 과정에서 그가 박통의 적은 물론, 자신의 경쟁자도 제거했음은 말할 것도 없다.

그렇다면 박통은 어땠을까? 그는 악처의 손의 빌려 자신이 하지 못했던 귀찮은 일들을 처리할 수 있었다. 더불어 그런 방식의 통치가 주는 이로움을 경험하게 되었다. 차도살인借刀殺人, 즉 스스로의 손을 더럽히지 않고 자신이 가진 문제를 해결할 방법을 찾게 된 것이다. 김형욱은 박통을 이용했고, 박통도 그런 김형욱을 이용했다. 김형욱은 아직 불안한 권력자 박통을 절대 권력자로 만들었다. 김형욱은 킹 메이커였다.

늘 그렇듯, 몰락은 성공 과정에서 동시에 배태된다. 박통은 이후 통치과정에서 결코 2인자를 키우지 않았는데, 이는 아마도 김형욱의 사례가 반면교사가 되었을 것이다. 박통 특유의 리더십은 아이러니하게도 김형욱에게서 유래한다. 그리고 몰락도 김형욱으로 귀결된다. 결국 박통은 킹메이커이자 열녀였던 김형욱을 사료로 만들었지만, 동시에 자신도 역사의 뒤안길로 사라졌다.

김형욱이라는 이름으로

사람이 죽었다. 그런데 닭모이냐, 권총이냐 하며 그 사람이 죽은 '과정'을 궁금해한다. 이유가 뭘까? 그건 아마도 그 사람이 김형욱이 있기 때문일 것이나. 우리는 그가 어떻게 죽었는지 정확히 알 수 없다. 당사자인 박정희와 김형욱 모두 세상을 떠났기 때문이다. 설령 지금 대한민국 아래 누군가 진실을 알고 있다 해도 스스로 말할 수는 없을 것이다. 이유는 간단하다. 그 정도의 고급 정보라면 본인도 그 일에 '가담'했으리라는 합리적 의심에서 자유로울 수 없기 때문이다. 그래서 낙엽으로 덮어두었다는 식의 의문투성이 증언만 남아 있는 것이다.

다양하게 유추하는 것은 흥미로울지 모르나 여기선 빼두자. 더 중요한 것은 박정희의 측근과 2인자들은 언제나 버려졌다는 것이기 때문이다. 군부 독재가 사라졌다 한들 '독재'라는 단어는 여전히 정치 슬로건이나 공격성 문구로 꾸준히 활용되고 있다. 여당이 독주를 할 때도, 야당이 몽니를 부릴 때도, 대통령이 제멋대로 행동할 때도 이 단어는 어김없이 등장한다.

중요한 것은 그 단어가 들릴 때쯤 주변의 측근들이 어떤 역할을 하는가이다. 충분한 조언이 이루어지는지 그렇지 못한지에 따라 해당 정치 세력의 미래가 결정된다. 측근의 입장에서 가장 쉬운 방법은 그저 아부하며 붙어 있는 것이다. 틀린 것을 틀렸다고 말하지 않으면 된다. 나아가 특정 언론의 잘못이라느니 내 의도는 그것이 아닌데 곡해한다느니 하며 변명과 회피로 일관해도 좋다. 어차피 속한 조직 혹은 세력이 겪어야 할 먼 미래의 일은 내가 상관할 바 아니니 말이다.

하지만 이런 사람들이 반면교사 삼아야 할 인물이 있다. 바로 김형욱이다. 그는 박정희가 시키는 일이라면 뭐든 다 했다. 심지어 가끔은 명령이 아닌 자발적인 판단에 따라 사람들을 괴롭히거나 망가뜨리기도 했다. 가장 쉬운 방법을 누구보다 적극적으로 행한 것이다. 그리고 결국 그는 남의 손에 의해 자신의 삶을 마무리했다. 물론 그 결말은 자신이 원했던 것이 결코 아니었지만 말이다. 나아가 이러한 결말은 김형욱을 중앙정보부장 자리에 앉힌 박정희에 의해 쓰여진 것이었다. 박정희에게 있어 '2인자'는 자신의 권력을 연장하기 위해 언제든 대체될 수 있는 역할에 불과했다. 쿠데타의 실질적 주동자였던 김종필이 그러했으며, 중정의 중흥(?)을 이끈 김형욱이 그러했고, 야수의 심장을 쏜 김재규가 그러했다. 그들 중 누군가는 자신에게 주어진 현실을 받아들이지 못하고 자신을 내버린 주군을 향해 돌진했다. 멀리 미국 땅으로 날아가 수많은 비리와 잘못을 '내부' 고발했고, 심지어 1인자와 자신을 대체할지도 모를 '차기' 2인자를 쏘아버리기도 했다. 청문회장과 법정에 서서 "잘못된 것을 바로잡으려 했다"고 외친 그들의 진의가 무엇인지는 알 수 없지만, 이것 하나만큼은 확실하다. 바로 '그들도 결코 결백하지 않다'는 사실 말이다.

김형욱에 대한 죽음의 미스터리는 그저 사건의 일부에 불과하다. 우리는 그가 왜 죽음에 이르렀는지, 그 스스로 죽음을 앞당기는 행동들을 한 것은 아닌지 곱씹어 보아야 한다. 죽음의 과정보다 더 크게 교훈으로 삼아야 하는 것은 김형욱이라는 이름으로 자행된 수많은 잘못과 악행이다. 그 결말을 부서워하기보다는 그 파징 속에 내가 있는 건 아닌지 돌이켜보아야 한다. 권력은 반드시 돌고 돈다.

4장

친일파들

이완용

국가대표 친일파, 보신주의자 이완용

국가대표 매국노의 탄생

식민지 시기 '이완용 X새끼'라는 낙서가 있었을 정도로 조선에서 가장 유명하고, 욕 많이 먹은 사람이 바로 이완용이다. 그런데 대단히 흥미롭게도 대한제국 시기 조선의 민간언론 중 하나인 『독립신문』에서는 이완용을 다음과 같이 평가했다. '민족의 이익을 지키기 위해 생명의 위협을 무릅쓰고 외세에 저항하는 대한의 몇 째 안 가는 재상.'

우리가 아는 이완용이 맞는가 싶을 정도로 의외의 평가다. 혹시 우리가 그를 잘못 기억하고 있는 것은 아닐까? 결론부터 말하자면 그건 아니다. 이완용은 우리가 알고 있는 그런 사람, 그러니까 투철한 친일파가 확실하다. 이완용은 다양한 면을 가지고 있는 인간이었다. 얼굴이 많은 사람이라고나 할까? 그런데 생각해보면 인간은 누구나가 그렇다. 한결같이, 대나무처럼 올곧은, 눈에 흙이 들어와도 정도正道만을 향해 달려가는 사람은 드물다. 이완용도 그랬다. 시류에 따라 자신의 모습을 다양하게 변신시켜 나가던 그저 그런 인간이었다.

그런데 왜 우리는 이완용을 특별히 더 나쁜 인간 혹은 악독한 친일파로 기억할까? 그건 당시 이완용의 위치 때문이다. 사람은 누구나 흔들릴 수 있고, 시류에 휩싸여 앞뒤 분간을 못 할 수도 있다. 하지만 그러지 않아야'만' 하는 사람이 있다. 바로 국가로부터 녹을 먹는, 그중에서도 책임을 져야 하는 자리에 앉은 자들이다.

대한제국의 운명이 끝을 향해 저물어가던 시기, 이완용은 국가의 존망을 책임져야 하는 자리에 있던 자다. 특히 을사조약을 전후한 시점에 이완용은 학부대신이자 최종결정권자인 고종의 최측근 위치에 있었다. 그리고 5년 뒤인 한일강제병합 당시에는 내각총리대신으로서 강제병합의 최종적인 결정을 한 인물이기도 했다. 그렇기에 우리가 현재 기억하는 이완용에 대한 평가는 그리 틀린 이야기가 아니다.

그런데 그의 이미지가 '친일'이라는 명확한 노선으로 고정되는 사건이 있었다. 바로 을사조약이다. 이완용은 결과적으로 매국노는 맞을지언정, 처음부터 일본'만' 바라본 친일파는 아니었다. 『독립협회』가 이완용을 긍정적으로 평가한 건, 을사조약 이전에 이완용이 보여줬던 모습 때문이다. 그건 다름 아닌 미국을 향한 강렬한 선망이었다.

전형적인 엘리트 코스를 밟아나간 아이

이완용은 1858년 노론 계열의 집안에서 태어났다. 그의 아버지 이호석은 과거에 합격하지 못한 가난한 선비였고, 이완용은 11살 무렵 먼 일가인 이호준에게 입양된다. 이호준은 이완용의 아버지와는 다르게 고위관료였고, 그의 집안은 당시 조대비를 비롯해 대원군, 민씨 세력과도 골고루 교우했을 정도로 명망가였다.

이완용이 먼 친척이었던 이호준의 집으로 입양갈 수 있었던 건 그가 어린 시절부터 명석했기 때문이었던 것으로 보인다. 양아버지가 된 이호준도 이완용에게 거는 기대가 대단히 컸다. 심지어 그는 그런 양아버지의 기대를 빠르게 충족시켜 나갔다.

1882년에 25살의 나이로 과거에 급제한 것이다. 그리고 4년 뒤, 이완용은 규장각 시교 자리에 앉게 된다. 갑신정변으로 세상이 어지러운 그때, 자신의 첫 관직생활을 시작한 것이다.

그러던 어느 날, 경연 자리에서 중국 진나라와 조나라가 전쟁을 벌였을 때의 일이 화두가 된다. 조나라 왕이 진나라의 첩자들이 퍼뜨린 꾐에 빠져 명장 염파를 해임하고, 실전 경험이 없는 조괄을 총사령관으로 임명한 것에 대한 책임이 누구에게 있는지를 논한 것이다. 이때 이완용은 "대세가 패배로 기울었다면 조나라 왕이 뛰어난 명장을 전투에 내보냈더라도 상황은 변치 않았을 것"이라고 말한다. 이 대화는 사실 2년 전에 일어났던 갑신정변의 은유였다. 그러니까 이완용은 갑신정변의 책임을 고종이 아닌 개화당에 있다고 주장하며 왕을 위로한 것이다.

이완용은 여기서 한발 더 나아가 갑신정변 주도자와 친분이 있던 신기선, 지석영, 지운영 등을 국문하도록 상소한다. 심문은 실제로 진행되었고, 그날 이후 이완용은 더욱 승승장구한다. 규장각 시교에서 검교를 거쳐 홍문관 수찬으로 승진한 것이다. 심지어 이 과정이 고작 2주 만에 일어났으니 가히 엄청난 속도의 승진이었다. 하지만 이완용과 고종의 끈끈한 관계는 이제 시작이었다. 그는 이후 우영 군사마, 해방영 군사마 등을 겸직하게 된다. 물론 아직 그는 고종의 젊은 측근에 지나지 않았다. 그는 신중히, 그리고 천천히 고종의 신임을 얻어나가고 있었다.

이완용의 첫사랑, 미국

운명의 1886년, 이완용의 인생을 송두리째 바꿔 놓는 일이 일어난다. 바로 육영공원에 입교하게 된 것이다. 이완용이 그의 첫사랑 미국과의 뜨거운 만남을 시작한 것이다. 육영공원은 조선 정부가 직접 주관해 설립한 첫 번째 근대 교육기관이었으며, 그중에서도 영어 교육에 방점이 찍힌 학교였다.

설립과 동시에 육영공원에 입교한 이완용은 속성으로 실전 영어강좌를 수학한다. 그런데 당시에 다른 학생들은 정부의 명령이나 부모 혹은 친척의 권유로 그곳에 입교한 상태였다. 영어 공부를 위해 들어온 것이 아니라, 그저 자신의 출세를 위해 학교에 들어온 것이다. 그러나 이완용은 달랐다. "당시는 미국과의 교제가 요긴했기 때문"이라는 회고를 통해 우리는 그가 육영공원에 입교한 진짜 목적을 알 수 있다. 그는 정말 미국 그 자체를 배우고 싶었다.

흥미로운 건 이때 이완용의 사상적 변화가 철저히 고종의 사상적 변화와 맥을 함께 한다는 점이다. 당시 고종은 『조선책략』이라는 책에 경도되어 있었다. 책의 내용은 단순하다. '친중親中, 결일結日, 연미聯美'였다. 고종은 이 책의 내용을 큰 줄기로 하여 조선의 외교 관계를 재편성할 생각이었다. 이완용은 고종의 생각을 빠르게 읽었다. 그렇게 이완용은 고종이 생각하던

'연미'를 넘어 '애미愛美'의 자세로 미국을 섬기기 시작한다.

이후 1888년 1월 박정양이 미국공사로 부임할 때, 이완용은 '주미공사관 참찬관'으로 함께 미국을 방문한다. 지병으로 인해 5개월 만에 조선으로 돌아오긴 했지만, 몇 년 뒤 주미대리공사 자격으로 화려하게 복귀했다. 이때 이완용의 '애미'의 사상은 더욱 굳건해진다. 미국의 화려한 근대성을 확인한 이완용은 어쩌면 속으로 '바로 이거다!'라고 외쳤을지도 모르고 말이다.

그토록 바라던 미국 배우기를 마친 이완용은 반청자주외교 정책을 추진한 이른바 '정동파'의 주축 멤버가 되어 귀국한다. 그는 점차 조선 정계의 핵심인물로 성장해 나갔고, 조선을 '미국'처럼 바꾸기 위한 준비를 시작한 것처럼 느껴졌다. 적어도 이 시기까지는 말이다.

알고 보니 신중愼重이 아닌 보신保身

이완용은 그렇게 조금씩 조선 정계의 메인스트림 안으로 편입되어 갔다. 하지만 그는 1894년 갑오개혁 전까지 별다른 움직임을 보이지 않았다. 오히려 양아버지였던 이호준의 병간호를 핑계로 내무부 관리 자리를 거절하고 집으로 돌아가려 시도했다. 고종은 그를 그렇게 놀릴 수만은 없었다. 미국을 직접보고 경험한 이완용의 지식과 경험은 분명 엄청난 자산이었기 때문이다. 나아가 고종은 자신의 옆에서 조선을 근대화시킬 측근으로 그를 점찍은 상황이었다. 고종은 이완용을 곧 승정원 좌부승지로 임명한다. 자신을 지근거리에서 모실 수 있는 관직에 그를 앉힌 것이다.

하지만 이완용은 확고했다. 그는 거대한 변화 한가운데서, 더 정확히는 조선을 집어삼키려던 여러 나라 중 누가 이길지 아무도 모르는 상황에서 자신의 입장을 명확히 표현하기 싫었다. 심지어 그는 이조참판이 되었을 때에도 병을 핑계 삼아 어전회의조차 제대로 참석하지 않았다.

그런데 이미 조선은 이완용이 생각했던 것보다도 더욱 거친 풍랑 속으로 빨려 들어가고 있었다. 동학농민운동이 발발했고, 동시에 청일전쟁이 시작되었다. 친일내각으로 불리는 김홍집 내각이 출범했고, 청일전쟁은 일본의 승리로 끝났다. 그렇게 급격히 일본으로 실어지는 분위기를 뒤집기 위해 고종과 명성황후가 선택한 나라는 러시아였다.

분위기가 배일排日로 흘러가자 일본도 가만히 있지 않았다. 을미사변을 일으킨 것이다. 이때 이완용은 미국 공사관으로 피신한다. 그리고 고종이 살아있음을 확인한 뒤, 그를 러시아 공사관으로 피신시킨다. 이른바 아관파천이다. 사태가 마무리된 뒤, 이완용은 고종을 피신시킨 공적으로 외부대신과 학부대신

서리를 겸직하게 된다. 이는 고종이 이완용을 확고한 배일 관료로 여겼기에 내린 결정이기도 했다.

그러나 이 시기부터 이완용은 조금씩 사상적 변화를 겪는다. 일본 세력과의 만남을 시작한 것이다. 겉으로는 정동파의 거두로 미국에 기울어진 모습을 보였으나, 본심은 달랐다. 당시 일본공사였던 고무라 주타로도 이완용을 '갑이나 을 어느 파에나 투신할 수 있는 여지를 갖고 있고, 이는 그 일신의 안전을 꾀하는 데 지나지 않는다'고 평가했다. 이완용이 보인 그간의 행보가 신중함이 아닌 보신保身이었음이 드러나는 순간이었다.

얼마 뒤, 그의 행보는 더욱 노골화된다. 고종이 근대적 개혁의 방향성을 두고 개화파 관료와의 갈등을 빚고, 이후 수구성향의 관료를 발탁한 시점부터였다. 이완용은 '도망'을 선택한다. 병을 핑계로 사직상소를 제출하고 업무를 보지 않았고, 마지못해 고종도 그에게 휴가를 준다.

이후에도 이완용은 중요한 순간에 사직하거나, 중앙 정계에서 멀어져 지방으로 낙향하는 일을 반복한다. 조선이 위기에 처했을 때마다 이완용은 늘 고종을 위로했지만, 결코 중요한 판단을 하거나 고언을 하지는 않았다.

나라를 팔아먹고야 말겠다는 결심이 서기까지

1904년이 되자 한 치 앞도 내다볼 수 없었던 조선의 미래를 결정할 일대 사건이 벌어진다. 바로 러일전쟁이다. 안타깝게도 이미 고종에게는 제대로 된 조언을 해줄 수 있는 관료가 남아 있지 않았다. 오랫동안 이어온 그 스스로의 미련한 판단 때문이었다. 결국 고종은 유일한 대안이자, 언제나 자신의 우군이었던 이완용을 궁내부 특진관으로 다시 불러들인다.

당시 이완용의 본심은 알 수 없지만, 고종의 부름에 답하는 순간 그의 선택은 끝났을지도 모르겠다. 이 전쟁의 승패가 대한제국의 운명을 좌우할 것이라는 건 누구나 알고 있었기 때문이다. 나아가 대한제국은 승자의 편으로 강하게 빨려 들어갈 거라는 사실도 말이다.

모두가 아는 것처럼 전쟁은 일본의 승리로 끝이 났다. 일본은 곧 고종의 인사권을 제한하고 새롭게 내각을 개편한다. 이 새로운 내각에 이완용이 학부대신으로 임명된다. 지금껏 정동파의 핵심 인물이자 배일성향의 관료로 분류되었던 이완용의 임명은 겉으로 보기엔 대단히 의외의 인사였다. 하지만 이미 일본에게 이완용은 적이 아니었다.

1905년 11월 10일, 이토 히로부미가 대한제국에 도착한다. 을사조약의 체결을 받아내기 위해서였다. 이토는 고종에게 일본이 대한제국을 '보호국화'하겠다는 뜻을 전했다. 비겁했던 고종은 최고 결정권자로서 짊어져야 할 책임을 회피하기 위해 결정을 미루던 중 이완용을 만난다. 이때 고종은 이완용에게 조약 체결의 전권을 맡긴다. 다만, 고종은 통감의 권한을 외교 분야에 한정하고, 황실에 대한 존엄을 중시할 것을 주문한다.

이완용은 이때 본인의 노선을 정했다. 일본을 선택하겠다는 마음을 먹은 것이다. 갈팡질팡하던 이완용의 마음에 확신이 선 그 순간, 조선의 운명도 빠르게 일본을 향해 기울었다. 오랜 시간 고종의 최측근으로 남아있던 이완용의 선택은 그만큼 중요했다. 물론 보신주의자(?)였던 이완용의 선택이 명확해질 수 있었던 건, 더 이상 고민의 여지가 남아있지 않기 때문이기도 했다. 그렇게 이완용의 주도로 을사조약이 체결된다.

친일파로서 일본의 신임을 얻기 시작한 이완용의 질주가 시작되었다. 이 과정에서 이완용은 고종과 확고히 결별한다. 어차피 그에게 고종이 필요했던 이유는 단 하나, 보신이었다. 이제 그를 책임져 줄 사람은 조선통감 이토 히로부미였다. 그리고 곧 이완용은 이토 히로부미에 의해 내각총리대신에 임명된다. 이완용은 더 빠르게 내달렸다. 헤이그 특사 파견에 대한 책임을 들먹이며 1907년에 '정미7조약'을 강제로 체결한 것이다. 조약의 핵심 내용은 다름 아닌 고종의 퇴위였다.

그러던 중 이완용의 든든한 버팀목이었던 이토가 안중근 의

사의 의거로 사망한다. 정국이 어수선해진 1910년, 그는 군부 출신의 데라우치 마사다케가 통감으로 온다는 이야기를 듣는 다. 사실상 일본이 대한제국을 병합하겠다는 뜻을 확고히 한 것 이었다. 이 소식을 들은 이완용은 사직서를 제출한다. 자신이 내각총리일 때 대한제국을 일본에 병합하는 오명을 쓰고 싶지 않았던 것이다. 이완용이 가장 무서웠던 건 어쩌면 '역사'였는 지도 모르겠다. 하지만 그의 사직서는 반려되었고, 데라우치와 이완용은 1910년 8월 16일부터 본격적인 협상을 시작했다. 그 리고 운명의 8월 22일, 한일병합조약에 대한 전권을 위임받은 이완용은 조약을 체결한다. 그렇게 대한제국은 역사 속으로 사 라졌다.

강제병합 이후 이완용은 죽을 때까지 호의호식하다가 1926년에 사망했다. 심지어 장례식마저 성대하게 치렀다. 하지 만 조선인들은 이완용을 곱게 기억하지 않았다. 그리고 그 기억 은 식민지 조선인을 거쳐 지금의 우리에게도 각인되었다. 나라 의 안위보다는 본인의 앞날을 고민했던, 오로지 자신을 위해 나 라를 팔아먹은 자에게 할 수 있는 가장 잔인한 복수가 성공한 것이다.

스스로 뭐가 될 필요 없다, 센 놈 옆에 서면된다. 눈치 9단 이완용

완용은 눈치가 빠른 자였다. 그가 그런 재능을 터득한 이유는 아마도 어려서부터 입양으로 눈칫밥을 먹었기 때문일 것이다. 가난한 노론 양반집에서 힘깨나 쓰는 집으로 입양을 간다는 것은 스스로 생존력을 확보해야 함을 의미한다. 언제나 파양이라는 위협이 자신을 노리고 있다는 위기감은 스스로 무언가를 완성하기보다는 적절한 눈속임으로 자신을 잘 드러내거나 감추는 문제로 귀결된다. 너무 똑똑하지도, 너무 멍청하지도 않게 포장된 자아를 중요한 타자에게 어필하기 위해 동물적으로 판단해야 하기 때문이다.

완용은 양부의 기대에 맞춰 25살의 나이로 과거에 급제하고, 첫 관직에 나갔다. 경연 자리에서 그는 2년 전 갑신정변의 일을 언급하며 고종의 환심을 샀고, 더 큰 베팅을 통해 초고속으로 승진한다. 만약 이완용이 보통의 유학자 관료였다면, 그는 이때부터 고종의 환심을 사는 일에만 몰두했을 것이다. 하지만 그는 반대로 저울질을 시작했다. 당시 고종은 『조선책략』이라는 책에 빠져, '친중親中, 결일結日, 연미聯美' 같은 대국적 고민을 하고 있었다. 그가 만약 조선의 진짜 신하였다면, 그는 고종의 뜻을 파악하고 이를 실천하기 위한 방안을 찾고자 노력했을 것이다.

완용은 그런 인간이 아니었다. 그는 무엇이 자신에게 더 이익이 되는지 눈치를 보았고, 마침내 그 결론을 얻었다. 바로 미국에 대한 '애미愛美'였다. 당시 그는 이후 직접 미국을 경험할 기회를 얻었다. 그때 그는 미국의 화려함과 거대함, 근대성과 마주했다. 그리고 조선으로 돌아와 정동파의 주축이 되고 조금씩 정계의 핵심으로 성장해 나갔다.

문제는 완용이 쓰쓰로 대단하다고 본 미국에조차 완전히 믈빵히지는 않았다는 점이다. 그는 또 한 번 저울질을 시작했고, 이내 다른 선택을 하게 된다. 물론 이걸 그저 그의 타고 난 눈치 탓으로만 볼 수는 없다. 완용은 아마도 일본의 개항과 근대화 과정에서 야심가들이 명멸해간 정보를 들었을 것이다. 그리고 나름의 교훈을 얻었다. 너무 나서지 말고 납작 엎드려 기다려라, 고개 들고 나대던 놈들 목이 떨어지기를 기다려라! 이게 그리 똑똑하거나 대단하지 않았던 완용처세술의 본 모습이었다. 블러핑에 강한 도박꾼의 모습 말이다.

밑천을 확보한 완용은 조심스럽게 간을 보기 시작한다. 그는 정계에 일정 지분이 있었지만, 갑오개혁 전까지 사태를 관망하면서 눈치를 본다. 미국에 대한 완용의 지식과 경험은 조선의 입장에서 엄청난 자산이었기에 고종은 그를 승정원 좌부승지로 임명했다. 완용을 자신의 옆에서 조선을 근대화시킬 측근으로 생각한 것이다. 하지만 완용은 한발, 아니 두 발 물러난다. 조선이 가장 필요로 할 때 완용은 자신의 이익을 위해 도박을 한 것이다.

완용은 이후에도 청나라, 일본, 러시아, 미국 등 이른바 '센 놈'들을 두고 눈치를 봤다. 더 비겁한 것은 여전히 고종과 세자의 측근 역할을 하며 고종의 간도 봤다는 점이다. 심지어 그는 을미사변이 일어나자 본인은 (더 안전한) 미국 공사관으로 피신하고, 고종은 러시아 공사관으로 아관파천했다. 위급 상황에서도 자신을 위한 절묘한 저울질을 포기하지 않았던 것이다.

칭병사직! 완용은 조선의 운명이 갈리는 중요한 선택의 기로에서 언제나 눈치를 보고, 거리를 두고, 자신에게 이익이 되는 방향으로 배팅하기를 반복한다. 끝내 고종 주위의 인물들이 소모되어 사라지고 난 뒤, 완용은 다시 등장한다. 그리고 자신의 주도로 을사조약을 체결하고, 조선통감 이토 히로부미에 의해 내각총리대신에 임명되었다. 그의 저울질은 이후에도 멈추지 않았다. 1910년에 사실상 일본이 대한제국을 병합하겠다는 뜻을 확고히 하자 사직 의사를 표명한 것이다. 그는 강대국 사이의 관계를 살피며 저울질하는 것을 넘어, 역사와도 저울질을 하려 한 것이다.

완용은 1926년에 죽었다. 그는 처음에는 고종에게 붙었고, 다음에는 미국에 붙었으며, 마지막에는 일본에 붙었다. 만약 그가 일제가 패망한 뒤 남한에 살았다면 미국에 붙었을 것이고, 북한에 살았다면 소련에 붙었을 것이다. 자신의 이익만을 위해 눈치 보고, 시류에 따른 뼁카가 성공해 나라까지 팔아먹은 놈 이야기를 길게 하고 싶지는 않다. 다만, 지금 이 시기 지식인인 양 연기하는 자들이 반면교사로 삼았으면 한다.

법은 왜 이리도 관대한가

이완용은 친일파의 상징과도 같은 이름이라 누구나 그를 쉽게 욕하며 살아간다. 여기까지만 보면 우리는 그에게 나름의 '복수'를 성공한 것처럼 보인다. 하지만 현실을 보자. 이완용은 호사스러운 삶을 살다가 일제강점기에 죽었다. 누구도 단죄하지 못했다. 그럼 그의 후손들은 어떨까? 자신의 선조가 저지른 잘못을 부끄럽게 생각하며 살아갈까? 안타깝지만 그렇지 않다. 당장 인터넷에 검색해보면 간략한 이완용의 가계도가 나온다. 1997년 이완용의 직계 증손자는 '대한민국'에 토지 반환 소송을 하고 승소한 뒤, 이를 처분하고 해외로 이주했다는 사실을 알 수 있다. 하나 의문이 든다. 이완용은 일본인이 되기로 결심하고 나라를 팔아먹었다. 조선인이 아니라 일본인으로 죽었다. 그런데 (일본인으로 죽은) 그 사람의 후손이 어떻게 감히 대한민국에 토지 반환 소송을 할 수가 있지? 더불어 이런 생각도 꼬리에 꼬리를 물고 이어진다. 우리 법은 왜 이리도 관대할까? 어째서 국가는 나라를 팔아먹은 이에게도 이렇게도 친절하게 승소 판결을 내주었다는 말인가? 게다가 토지 반환 소송을 할 때 증손자의 변호인은 도대체 누구란 말인가? 하나하나 분노를 참을 수가 없다. 아니, 도대체 이런 법이 어디 있는가? 어떻게 나라를 팔아먹어 재산을 축적한 사람의 재산을 다시 돌려줄 수가 있냐는 말이다.

지난 2005년 12월 '친일반민족행위자 재산의 국가귀속에 관한 특별법(친일재산귀속법)'이 발의되었다. 쉽게 말해 친일반민족행위자들의 재산을 국가에 귀속시킬 수 있는 근거 법령인 셈이다. 법 시행 후에는 국가로 귀속하는 결정을 내렸지만 친일파의 후손들은 당당하게 행정소송을 걸었다가 기각 당했다. 하지만 그들은 포기하지 않았다. 헌법재판소에 헌법소원을 제기한 것이다. 이길 다행이라고 이야기해야 할지 모르겠지만, 헌재는 합헌 5명, 일부한정 위헌 2명, 일부 위헌 2명으로 합헌 결정을 내렸다. 헌법재판소는 '민족의 정기를 바로 세우고 일본제국주의에 저항한 3·1운동의 헌법이념을 구현하기 위한 것이므로 입법 목적이 정당하다'고 판단한 것이다.

만약 해방 직후 반민특위를 통해 그들을 단죄할 수 있다면 어땠을까? 이런 법안들이 수 십 년이 지나서야 겨우 발의되고, 이들의 재산을 환수하기 위해 애써야 하는 일이 없지 않았을까? 한 번의 잘못으로 인해 오늘날에도 어떤 친일파의 후손은 대한민국을 상대로 소송을 벌이고 있고, 국가는 친일파 문제를 해결하기 위해 애쓰고 있다. 해방이 된지 80년이 되어가는 데도 말이다.

국가보훈부에 따르면 2021년 2월 기준 국가에 귀속된 친일 재산은 총 1297필지(67만9581m²)이며, 이는 공시지가로는 약 853억 원에 달한다. 친일파의 재산을 환수하는 것은 단순히 그들의 자손들이 잘 먹고 잘 살고 있는 것을 부러워해서가 아니다. 그들은 경술국치의 공로로 일제로부터 지위와 은사금을 받았다. 즉, 나라를 팔아먹은 대가로 돈과 토지를 받았다는 이야기이다. 심지어 이완용을 포함한 일부 친일파들은 그렇게 받은 돈으로 조선인들에게 사채놀이를 하며 자산을 증식하기도 했다.

가끔은 법이 매정했으면 좋겠다. 특히나 이런 사안에 대해서는 국가의 공권력을 '남용'했으면 좋겠다는 생각마저 든다. 아직 끝나지 않았다는 말을 하고 싶다. 이완용은 죽었지만 그의 후손은 어디선가 자신의 것도 아닌 재산을 통해 살아가고 있다. 이완용뿐만이 아니다. 아직도 그와 같은 친일파의 자손들이 대한민국에서 호의호식하며 살아가고 있다. 우리는 끝까지 찾아내야 한다. 이 싸움은 아직 끝나지 않았다. 절대 잊지 말아야 한다.

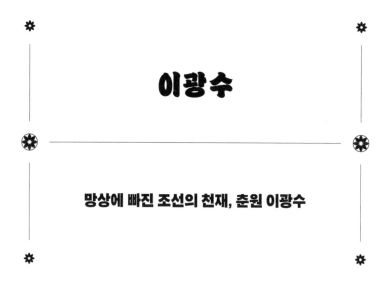

이광수

망상에 빠진 조선의 천재, 춘원 이광수

이광수가 친일을 포장하는 방법

1948년 5월 31일, 대한민국에는 선거를 통해 제헌국회가 구성되었고, 공식적으로 제1회 국회가 열렸다. 헌법 제101조에는 '악질적인 반민족행위자를 처벌하는 특별법을 제정할 수 있다'는 내용이 명기되었고, 1948년 9월 22일에는 '반민족행위처벌법'이 이승만 대통령 승인 하에 통과된다.

그로부터 한 달 남짓 지났을 무렵, 이광수가 효자동 집에서 체포된다. 이광수는 곧 서대문 형무소에 수감된다. 그는 반민족 행위특별조사위원회 제1조사부에서 본격적인 친일 행위에 대한 조사를 받는다. 그런데 이때 이광수는 스스로의 친일 행위를 이상하게 포장하기 시작한다. '스스로 희생하기 위해 한 친일 활동'이라는 논리였다. 그는 자신의 행위를 '조선인을 차별에서 탈출시키기 위한 민족지도자로서의 친일 행위'라고 합리화했다.

그러던 1949년 6월, 대통령 이승만이 주도한 '국회 프락치 사건'을 핑계로 반민특위 조사위원과 특별검찰관의 자택과 사무실이 경찰에 의해 습격당한다. 그리고 몇 달 뒤, 반민특위는 허무하게 해체된다. 덕분에(?) 이광수는 '공이 친일보다 더 크다'는 이유로, 더불어 그의 친일 행위가 '피동적'이었다는 이유로 불기소된다.

이후 이광수는 반민특위 조사 당시의 주장을 일관되게 유지했다. 그리고 그 내용을 담은 『나의 고백』이라는 책을 세상에 내놓는다. 그는 이 책을 통해 일정에 세금을 바치거나 법률에 복종하고, 신사에 참배하고, 국방헌금을 내고, 관공립학교에 자녀를 보내는 등의 모든 행동을 일본에 협력한 것으로 보아야 한다고 주장했다. 심지어 일제강점기를 지나며 '죽지 않고 살아 있는 것도 협력'으로 보아야 한다는 파격적인(?) 주장을 담기도 했다.

이후 그는 자신의 인지도를 이용해 친일파를 향한 사회적 인식을 변화시키기 위해 노력한다. '민족의 화합'을 위해 친일파를 용서하자는 것이었다. 더불어 만약 식민지 현실 속에서 협력하지 않았다면 죽었을 것이기에 살아있는 모두가 친일파라는 논리도 덧붙였다. 게다가 흔히 친일파라고 손가락질 받는 사람들은 '경험 있는 능력자'이자 '고귀한 존재'이니 이들을 대한민국이 적극적으로 활용해야 한다는 실용적인 주장까지 늘어놓았다.

이광수의 주장은 그야말로 궤변이었지만, 이러한 논리는 사실 여전히 한국 사회에서 '먹히는' 주장이다. "그때 친일 안 한 사람이 어디 있어?", "친일파 아니었으면 빨갱이들한테 나라 먹혔어", "언제까지 편 가르기 할 거야? 감싸 안아주고 미래를 봐야지" 같은 하나마나한 이야기 말이다. 지금도 여전히 제대로 된 과거 청산을 불가능하게 하는 억지 주장의 기초를 완성한 인물이 바로 이광수이다.

비참하게 살아야 했던, 천재 이광수

이광수의 삶은 마치 롤러코스터를 탄 것처럼 요동쳤다. 특히 그의 어린 시절은 대단히 암울하고, 우울하며, 비참했다. 1892년

3월 4일 평안북도 정주군에서 4남 2녀 중 넷째 아들로 태어난 이광수는 사실상 고아였다. 그의 집은 매우 가난했다. 아버지 이종원이 술로 세월을 보냈기 때문이다. 그나마 명목상으로나 존재하던 그의 부모는 이광수가 10살이 될 무렵 콜레라로 사망했고, 세 명의 형도 그때 모두 요절한다.

그의 집안 사정과 상관없이 그의 영특함은 이미 어린 시절부터 유명했다. 다섯 살 무렵에는 한글과 천자문을 깨쳤고, 여덟 살부터는 동네 서당에서 한학을 배우고, 『사략』, 『대학』, 『중용』, 『맹자』, 『고문진보』 등을 공부하며 한시를 지었다. 가난과 싸우며 일궈낸 성과였지만, 이광수는 그의 재능에 날개를 달아줄 이를 찾지 못하고 있었다.

고아가 된 이광수는 경성 근처에서 상점의 종업원과 막노동을 하며 그야말로 거지와 같은 삶을 살게 된다. 그러던 어느 날 이광수의 재능을 알아본 어느 천도교인이 그를 위로하게 되었고, 그 호의에 감명 받은 이광수는 곧장 천도교에 입교한다. 이후 그는 천교도에서 서기 일을 맡아 보며 조금씩 주변의 인정을 받기 시작한다.

그러던 1905년, 이광수는 천도교와 연관된 일진회의 유학생 자격으로 일본으로 건너가 타이세이중학교大城中學에 입학한다. 바로 이 시절 홍명희과 최남선 등과 운명적인 교류를 시작한다. 흔히 동경삼재라고 불릴 정도로 뛰어난 학식을 자랑하는 세 인물의 만남이었다. 일본 유학과 동시에 조금씩 이광수는 유명인 사가 되어 갔다. 그의 재능을 꽃피울 기회를 얻게 된 것이다.

독립운동이라는 어울리지 않는 옷

일본 유학이라는 '사건'은 이광수에게 다양한 사상적, 감정적 동요를 안겨준 일이었다. 일본을 동경하게 되는 순간이기도 했으며, 근대라는 새로운 세상을 경험하는 순간이기도 했다. 동시에 독립된 나라를 꿈꾸게 되는, 어쩌면 독립된 나라 자체보다는 그 나라에서 활약할 '지도자 이광수'를 상상하게 되는 출발점이기도 했다.

이광수에게 독립의 꿈을 꾸게 해준 인물은 안창호였다. 도쿄에서 유학생활을 하던 시절, 그는 미국에서 귀국하던 안창호의 연설을 듣게 되었다. 이광수는 이 순간 자신의 인생에서 가장 큰 '실수'를 하게 된다. 바로 독립운동에 투신할 결심을 하게 된 것이다.

이광수가 가난하고 비참했던 자신이 인정받을 수 있었던 건 교육이었다는 확신을 갖게 된 것도 이 무렵이었다. 자신의 성공담을 조선의 현실에 덧입히게 되는 것도 이때였다. 이 시기 이광수는 조선의 민족성에 대해 깊게 탐구하기도 했다. 그에게 조선인은 탐욕스럽고, 이기적이며, 단결할 줄 모르는 민족이었다. 이광수에게 조선은 곧 '애증'의 나라였다.

나름의 학식을 쌓은 이광수는 문학 활동을 시작한다. 1909년 11월 18일에 일본어 소설 「사랑인가」를 발표한 뒤, 11월 24일에는 소설 「호虎」를 발표했고, 12월에는 「정육론情育論」을 지어 『황성신문』을 통해 공개했다.

문학가로 유명해진 이광수는 1910년부터 이승훈의 추천으로 정주 오산학교에서 교원으로 근무하게 된다. 오산학교는 당시 조선인이 중심되어 세운 근대 학교의 '상징'과도 같은 곳이었다. 민족교육의 산실이라고 불러도 무방할 정도로 민족성이 강한 학교이기도 했다. 그러던 1911년, 이른바 '105인 사건'으로 이승훈이 구속되자 이광수는 오산학교 학감(지금의 교감)으로 취임하며 실질적인 책임자 역할을 맡게 된다.

1913년에 오산학교를 그만두고 조선을 떠나 만주와 상하이에서 생활하던 이광수는 그곳에서 홍명희, 조소앙 등의 독립운동가들과 함께 지내다가 1915년 인촌 김성수의 후원으로 다시 일본 유학을 떠나게 된다. 그가 다닌 학교는 도쿄 와세다 대학이었다. 이 과정에서 이광수의 유명세는 더욱 높아졌고, 그는 조선인 엘리트의 상징이자 조선을 대표하는 천재 문학인으로 자리 잡게 된다.

바로 이 무렵, 그는 장편소설 「무정」의 연재를 시작했다. 소설은 단행본으로만 1만 부가 팔렸을 만큼 '메가히트'를 쳤다. 이광수를 만나기 위해 그의 집 근처에서 노숙을 하거나, 여관에서 생활하는 사람까지 생겨날 정도로 인기가 하늘을 찔렀다. 이때부터 이광수는 조금씩 '자의식 과잉'에 빠지게 된다. 스스로를 조선을 구할 영웅으로 여기며 살아가게 된 것이다. 그를 옭아매던 어린 시절의 가난은 없었다. 이제 이광수에게 독립운동은 영웅의 고난이어야 했다. 어려움을 극복한 천재가 식민지로 전락한 조국을 구하는 아름다운 서사라니 얼마나 아름다운가. 이광수는 그렇게 스스로 철저한 영웅주의에 빠져든다.

이광수 인생의 변곡점, 3.1운동

그러던 중 그의 삶에 또 다른 변곡점이 찾아온다. 바로 3.1운동이었다. 사실 수많은 독립운동가들이 1919년 3월 1일을 운명의 날로 기억한다. 3.1운동을 보며 독립운동가로서의 삶을 꿈꾸기 시작했다는 이야기는 꽤나 익숙한 서사다. 그런데 이광수에게 이 사건은 조금 남달랐다. 3.1운동으로 독립운동의 길을 내려놓았기 때문이다.

　이광수는 3.1운동에 대단히 깊게 가담했다. 그는 1918년 11월, 제1차 세계대전을 마무리하는 과정에서 파리평화회의가 개최된다는 소식을 듣게 된다. 이는 곧 열강 간의 균형이 다시 맞춰지고, 세계정세가 급격히 변화할 것이라는 뜻이었다. 이광수는 이 기회를 살리고자 일본으로 건너간다. 이제 조선도 독립된 국가가 될지도 모른다는 희망을 갖게 된 것이다. 1919년 1월, 이광수는 일본에서 조선청년독립단에 가담해 스스로 「2.8독립선언서」를 작성한 뒤, 상하이로 넘어가 신한청년당에 가담한다.

'2.8독립선언'은 곧 조선으로 흘러들었고, 3.1운동의 기폭제가 된다. 그만큼 이광수와 3.1운동이 끈끈한 관계였다는 말이다. 이후 이광수는 독립운동과의 인연을 더욱 강하게 맺는다. 대한민국 임시정부가 만들어지자 사료편찬위원회 주임을 맡은 그는 곧 임시정부에서 발행한 『독립신문』의 사장 겸 편집국장이 된다. 『독립신문』을 통해 이광수는 애국적 계몽의 논설을 쓰며 활발한 독립운동을 전개한다.

하지만 얼마 뒤, 이광수는 짧았던 독립운동가의 삶을 포기한다. 파리강화회의에 파견된 조선인 대표가 출입조차 거부당하자 조선의 독립이 쉽사리 실현되지 않을 것이란 사실을 깨달은 것이다. 제1차 세계대전에서 일본은 패전국이 아닌 승전국에 속해 있었으며, 국력과 국제적 지위도 날로 높아져 가는 상황이었다. 그는 점점 지치기 시작했다. 독립운동이란 원래 그런 것이었다. 마치 자신의 어린 시절처럼 가난해야 했고, 비참해야 했다. 이광수는 그런 생활을 이겨내며 독립운동을 이끌어갈 정도로 조선의 독립을 원하지는 않았다. 생활고가 찾아오자 그는 임시정부 생활을 청산하고 귀국을 결정한다.

조선으로 돌아온 이광수는 조선 총독 사이토 마코토와 처음으로 면담한다. 이후로도 그는 사이토의 정치참모인 아베 미쓰이에와 빈번히 접촉했다. 그의 인생도 조금씩 뒤틀리기 시작했다. 당시까지만 해도 독립운동 단체와 느슨한 끈을 이어왔지만 점차 다른 삶의 방향을 향하게 된 것이다.

다른 길을 모색하던 이광수는 조선 사회를 들썩이게 하는 하나의 글을 쓰게 된다. 1922년 잡지 《개벽》 5월호에 실린 「민족개조론」이다. 이광수는 이 글을 통해 평소에 가지고 있던 조선인에 대한 개인적 생각을 토해냈다. 바로 조선인은 '게으르고 무기력하며', '나약하며 공짜를 바라며', '허황되'며, '요령과 술수에 능하'며, '속임수와 눈가리기에 능하다'는 것이었다. 이광수는 그렇기에 조선인은 신뢰할 수 없고, 국제사회의 신뢰를 얻는 것도 어렵다고 주장했다.

이후 차츰 총독부로부터 타협적인 태도를 보이기 시작하던 이광수는 합법적인 자치주의 운동을 벌이기 시작한다. 물론 여전히 그의 주장의 끝에는 조선의 독립이 느슨하게나마 존재했지만, 사실상 이광수의 머릿속에는 조선의 독립보다는 '일본 속 조선의 지도자 이광수'만이 남아 있는 듯했다. 3.1운동을 실패로 규정한 엘리트 조선인 이광수의 변절이 본격화된 시점이었다.

파시스트가 된 이광수, 적극적 친일의 길로 나아가다

이광수가 막장의 친일파로 변절하기 직전까지, 그나마 독립운동과의 관계를 완전히 끊어내지 못하게 그를 다독이던 존재가있다. 사실상 아버지의 역할을 도맡았던 안창호였다. 이광수의 변절을 바라보면서도 끝까지 그의 손을 잡아주던 안창호는 1937년 6월 수양동우회 사건으로 경성부에서 체포된다. 이때이광수도 함께 체포되었고, 함께 서대문형무소에 투옥된다. 두사람은 6개월의 형무소 생활을 마치고 풀려난다. 하지만 고령의 안창호는 급격히 건강이 악화되어 1938년 3월 10일에 병사한다. 이때 이광수는 커다란 충격과 실의에 빠진다. 사실상 아버지를 잃은 것이나 마찬가지였다. 그리고 아버지의 부재는 그를 완전한 '전향'으로 이끌었다. 1939년 1월, 그는 조선신궁을참배한다.

비슷한 시기, 일제는 만주를 손에 넣고도 만족할 줄 모르고중국과 전쟁을 시작한다. 이광수는 전쟁을 지켜보며 자신의 역할을 '민족지도자'로 규정했다. 독립된 나라의 지도자가 아니라, 힘 있는 나라 일본 제국주의에 귀속된 '하위' 지도자 말이다. 그는 점차 일본 제국주의 침략전쟁의 나팔수가 되어 갔다. '내선일체'야말로 조선 민족이 나아가야 할 길이라고 선언하는가 하며, 이를 위해 창씨개명을 해야 한다고 주장했다. 그뿐만이 아니었다. 내선일체가 실현되는 구체적인 방안으로 지원병제와 징병제가 시행되어야 한다는 말도 서슴없이 뱉어냈다.

이광수는 점차 파시스트가 되어 갔다. 1939년에는 친일어용 단체인 조선문인협회 회장으로 취임하더니, 1940년부터는 황민화운동을 지지하기 시작했으며, 곧 자신의 이름을 '가야마 미쓰로'로 개명했다. 꺾여버린 인생의 방향성은 그를 점점 더 노골적인 친일인사로 만들어갔다. 「지원병 장행가」라는 노래를 직접 작가하는가 하면, 일본 제국주의의 대동아공영권을 지지한다는 성명을 발표하기도 했다.

그런 그에게 1945년 8월 15일은 악몽 그 자체였다. 일본 제국주의를 찬양하며 조선 청년들을 전쟁터로 내몰던 자칭 '민족지도자' 이광수는 그렇게 해방된 조선에서 잊혀 갔다. 그런 그가 다시 사람들의 관심을 받게 된 건 반민특위 덕분이었다. 이광수는 하늘이 그에게 준 유일한 재능이었던 '글 쓰는 재주'를 통해 자신의 죄를 포장했다. 대한민국은 그에게 결국 변절의 죄를 묻지 못했다. 그리고 한국전쟁 과정에서 납북된 이광수는 얼마 뒤인 10월 25일 사망한다.

나라를 팔아먹고 인생을 세탁한
최상급 사기꾼, 이광수

사기에도 급이 있다. 사람을 속이는 것을 넘어 세상을 속이는 사기는 그 중 최상급이다. 이광수는 세상에 사기를 쳤다. 이광수는 천재인가? 글쎄! 식민지기 초반 일본으로 유학 간 적지 않은 조선의 청년들이 있었다. 그들 대부분은 자기 고향이나 근거지에서 나름 수재라고 불리던 인재들이었다. 그들 앞에는 조선 사람들이 절대적으로 접해보지 못한 새로운 무엇인가가 있었다. 이것을 인류학적 표현으로 문화접변acculturation이라 한다.

전혀 이질적인 두 문화가 충돌할 때, 이광수와 같은 문화적 사기꾼이 출몰하는 사례는 인류 역사에서 여럿 볼 수 있다. 그중에서도 문학은 가장 표절하기 쉬운 분야일 것이다. 정치 사상적으로 문제가 될 소지도 적고, 누가 창작했는지도 불분명한 다양한 글거리들과 소재들은 영악한 이광수에게는 큰 기회가 됐을 것이다. 서구 시민혁명의 수많은 선전 선동 문서들과 소설류를 보라! 이광수 그가 무엇을 생각했을까? 이제 누군가가 이를 번역해 소개하는 일만 남았다. 그렇게 시작된 동경삼재! 신화! 식민지 조선에 필요한 인재상이니 사람들은 그 진위 여부와는 무관하게 그와 그의 작품에 적극적으로 호응했을 것이다.

천재의 탄생! 그러기 위해서는 좀 더 극적인 서사가 필요했다. 일반적으로 알려진 바와 같이 이광수의 어린 시절은 불우했다고 한다. 그러나 그것은 왜곡 조작된 서사의 재창조일 것이다. 이광수는 교활하고 영악하게도, 자신은 천재인 동시에 어린 시절의 대단히 암울하고, 우울하며, 비참한 삶을 극복한 존재라는 서사를 만들어냈다. 진화론에 수혜를 입은 근대 지식인이 벌일 법한 수준이다.

실제의 삶에서, 이광수는 1892년 평북 정주에서 4남 2녀 중 넷째 아들로 태어났다. 아버지 이종원이 술을 많이 마셨기에 가난했을 것이다. 그가 10살 무렵 부모가 콜레라로 사망했고, 형들도 그때 모두 죽었다는 점에도 이의가 없다. 그런데 이러한 몇 가지 팩트는 그가 매우 비참한 어린 시절을 보냈다는 증거가 될 수는 없다. 역으로 이광수는 10살까지 부모형제가 있었고 정식교육도 받았다. 뭐가 비참하고 암울하다는 말인가? 당시 동학 전야에 유리걸식하는 아이들이 넘치고 있었고, 서당 문턱도 못 가본 아이들이 부지기수였다.

이광수는 조선의 소년 천재들과 비슷한 경로로 성장했다. 5살에 한글과 천자문을 배웠고, 8살에 『사략』과 『대학』, 『중용』, 『맹자』, 『고문진보』 등을 공부했으며, 또 한시를 지었다. 어떻게 보면 대단한 천재라고 할 수도 있지만, 이는 대개의 뛰어난 소년들에 해당하는 수준일 것이다. 그런데 그는 여기에 가난했다는 내용과 병약하다는 이미지를 추가했다. 그 결과, 그는 늘 혼자 사색에 잠기거나 생계를 위해 노동해야 했던 고달픈 천재로 포장되었다. 정확히 하자. 그가 한학에서 성과를 낸 것은 고아가 되기 이전의 성취이다. 더불어 그가 고아가 되어 콜레라 후유증으로 고생을 하고, 친척 집의 도움으로 살다가 상점 종업원과 막노동 생활을 한 것은 그 이후의 일이지만 매우 짧았다. 전란과 정치적 혼란으로 민생이 도탄에 빠진 망국의 시대에 이 정도 고생을 한 것을 가지고 거지와 같은 비참한 삶을 살았다며 떠드는 것은 오버에 가깝다.

나아가 그가 얼마나 뛰어난 능력자였는지는 의문이지만 기회 포착은 잘 한 듯하다. 그는 천도교를 타고 일진회의 유학생 자격으로 일본으로 건너가 타이세이중학교에 입학하는 과정이 근대 학문으로의 여정이라고 주장한다. 그러나 그것은 전적으로 본인이 만든 독백일 뿐이다. 사기꾼으로 가는 첫 관문을 통과한 것이다. 이광수와 같은 사기꾼들의 심저에는 인정욕구가 있다. 이는 가지고 싶고 얻고 싶은 것에 비해 자신의 존재가 못 미칠 때 나타난다.

당시 조선 청년들에게는 반드시 수행해야 할 과제가 있었다. 어느 누구는 그 과제를 수행했고, 다른 누구는 중도에 포기했고, 또 다른 누구는 방향을 틀었다. 이 가운데 이광수는 누구도 상상할 수 없는 사기를 쳤다. 이광수는 서구 시민혁명에 나타난 여러 지식인들을 표절하고 흉내냈다. 누구는 이광수가 리플리 증후군이라고도 하지만 아니다. 그는 그냥 사기꾼이다. 최상위 사기꾼! 더 불행한 것은 지금도 이광수를 천재이자 아까운 식민지 지식인으로 생각하는 사람들이 많다는 점이다.

뇌가 없는 펜

"잘 모르고 무식한 사람이 신념을 가지면 무섭습니다." 예능계의 대부로 불리는 이경규 씨의 말이다. 이광수의 이야기를 듣다보면 아이러니하게도 가장 먼저 저 말이 떠오른다. 당대 최고의 글쟁이가 무식하다고? 그렇다. 무식과 유식의 경계는 단순히 어떤 지식의 있고 없음만으로 규정지을 수 없기 때문이다. 예를 들어 보자. 이광수가 태어나고 활동할 당시의 조선은 일본보다 국력이 약했다. 이를 알고 있는 사람은 '지식이 있는' 사람이다. 하지만 그 사실을 알고 있다고 해서 우리는 그 사람이 '유식하다'고 이야기할 수는 없다. 일본이 그 국력을 가지고 약소국인 조선을 어떤 식으로 대했는지, 그들이 그렇게 행동한 것은 무엇이 잘못되었는지 이야기할 수 있을 때 우리는 그 사람이 '유식하다'고 말할 수 있기 때문이다. 따라서 이광수는 알량한 지식이 있었을지는 몰라도 유식했다고는 볼 수 없는 인물이다.

나아가 그는 유식하지 않은 사람을 넘어선 '무식한 사람'이었다. 자신이 운 좋게 가지게 된 한 줌 지식과 재능을 타인을 해하는 데 사용했기 때문이다. 그는 자신의 글재주를 무기로 사용했다. '글'은 타인의 사고관에 크게 영향을 줄 수 있는 굉장히 무서운 무기이다. 오죽하면 펜은 칼보다 강하다는 말이 나왔을까? 총칼로 사람을 죽여야만 악질 민족반역자가 아니다. 총과 칼보다 강한 펜으로 조선을 유린하고, 독립을 저해한 이광수야 말로 진짜 악질적인 민족반역자다.

그렇다면 그는 대체 왜 '무식'해졌을까? 우선은 그가 어렸을 적 고아라는 이유로 받았던 냉대와 차별을 이유로 들 수 있을 것 같다. 그의 아버지는 술꾼에 가난했으며, 그마저도 그가 10살이 되었을 무렵 세상을 떠났다. 나아가 그의 형들도 모두 이때 죽어버렸다. 인간의 삶에서 가장 중요한 가족이라는 울타리가 자신의 삶 10년 전후로 모두 무너져 내린 것이다. 어떠한 기반도 가질 수 없게 된 입장에서, 그에게 손 내미는 것은 모두 아름다워 보였을 것이다. 아니, 아름다워 보이지 않더라도 최소한 자신의 생존에 도움이 된다면 어떠한 것이든 그는 손을 잡으려 했을 것이다. 그가 어린 시절 천도교에 빠진 게 가장 단적인 예이다. 그가 천도교에 들어간 건 그를 받아준 곳이 바로 그곳이었기 때문이다. 늘 차별을 당하던 중 따뜻하게 나를 맞이해주는 곳을 싫어할 사람이 어디 있을까? 그에게 어쩌면 신념이란 '나를 받아주는 곳'이었을 것이다. 더 잔인하게 말하면 적어도 '나를 냉대하지 않는 곳'이었을지도 모른다.

운 좋게 자신의 명석한 두뇌를 인정받을 수 있게 된 그는 이후 독립운동에 가담했다. 그를 '받아준' 멋진 선배들이 앞서 그랬던 것처럼 말이다. 하지만 그에게 돌아온 것은 반복된 좌절이었다. 3.1운동은 누군가에겐 가슴 속의 불을 지핀 일이었지만, 이광수에게는 그저 또 한 번의 실패 이상도 이하도 아니었다. 부모도 지키지 못한 자신의 삶이었는데 하물며 국가라고 충성스러운 마음이 얼마나 갈 수 있을까. 그렇듯 유약한 자의 충성은 오래가지 못했다. 그러니까, 그는 무식한데 신념도 가지지 못한 자였던 거다. 그는 결국 다시 버려지지 않기 위해 자연스럽게 친일의 길로 들어섰다. 물론 '생존'을 위한 그 선택이 자신의 민족을 '멸족'으로 이끈다는 것을 그 또한 모르지 않았을 것이고 말이다.

그는 수많은 사람들이 못 배우고 가난했던 그 시절, 운 좋게 가지고 태어난 재능과 수많은 사람들의 도움으로 글을 쓸 수 있게 된 펜이었다. 하지만 뇌가 없는 펜이었다. 그저 잉크만 내어주면, 잉크를 준 사람이 원하는 무엇이든 써주는 펜 말이다. 이광수는 그 이상도 그 이하도 아니었다.

뇌피셜을 통해 그의 심리를 유추하며 따라가 보았을 뿐, 그 어떠한 것도 용인될 수 없다. 특히나 자신의 소설이 큰 인기를 구가했을 때 분명 세상 모두가 나를 싫어하는 것은 아니라는 감정만큼은 충분히 느꼈을 것이다. 그럼에도 불구하고 그는 너무나도 쉽게 친일의 길로 들어섰고, 조선이 아닌 일본의 입장에서 서서 펜대를 굴렸다. 그는 용서받을 수 없는 자이다.

박춘금

중의원이 된 조선인 야쿠자, 박춘금

"조선에서도 중의원 뽑읍시다"

쓸쓸한 이야기이지만, 거국적인 항쟁이었던 3.1운동으로도 조선은 독립하지 못했다. 그럼에도 불구하고 변화는 있었다. 바로 일본 제국주의가 무단통치 방식의 한계를 깨달았다는 것 말이다. 그런데 이후 일제가 새롭게 선택한 통치 방식도 조선인에게 결코 반가운 것은 아니었다. 아니, 어쩌면 소수의 조선인들에게는 반가운 일이었을지도 모른다. 그들은 곧 변화된 일본의 새로운 통치 방식에 적극적으로 협력해 나가려는 움직임을 보인다.

일제의 새로운 통치 방식이라는 건 이른바 '문화통치'였다. 그리고 일제는 이를 실현할 세력을 조선 내에서 포섭하기 시작한다. 당시 조선인 그룹은 '자치운동'과 '합법적 결사 독립단체 조직운동'의 흐름으로 양분되어 있었다. 그런데 이 두 그룹 어디에서 속하지 않았던 하나의 그룹이 바로 '참정권운동 그룹'이었다. 참정권운동은 조선에 별도의 의회를 설립하자는 자치운동과는 다른, 일본 중의원 선거구를 조선 지역에 두고 '조선인을 제국의회의 중의원으로 선출하자'는 획기적인 주장이었다.

이 주장을 한 가장 대표적인 단체가 바로 1920년 1월에 설립된 국민협회이다. 국민협회는 비록 조선인과 일본인 사이에 민족 간 동화는 불가능할지 몰라도, 조선과 일본의 국가적 통합은 로능하다며 둘을 '신일본국'으로 통합하자고 주장했다. 더불어 이를 구현하기 위해서는 민도民度의 향상이 필요하다며 조선인들 스스로 빠르게 문명화되어야 함을 상소했나.

문제는 이런 주장을 일본인들마저 반기지 않았다는 거였다. 당시 일본에서도 보통선거가 이제 막 실시되고 있었다. 이런 상황에서 일본인들 입장에 조선인들의 참정권 운동은 허무맹랑한 소리일 뿐이었다. 자신들도 이제 겨우 민주주의 시스템을 받아들인 상황인데 그보다 훨씬 열등한 조선인과 하나의 국민으로 거듭나자니, 이 얼마나 말도 안 되는 이야기냐는 말이다.

하지만 국민협회는 조선 내에서 조금씩 세를 불려 나가는 데에 성공한다. 그리고 '참정권운동'을 했거나 참정권 획득 주장에 동의하는 이들을 규합하기 시작했다. 그렇게 세를 불린 이들이 새로 만든 조직이 바로 '각파유지연맹'이었다. 각파유지연맹은 기존의 자치운동을 하던 사람들까지 조금씩 규합해나갈 정도로 확장세가 빨랐다. 그들에게 참정권의 문제는 그저 '시기의 문제'였다. 그들에게 참정권, 더 정확히 말하면 조선의 제국의회 진출은 당연히 이행되어야 하는 과제였다. 그만큼 이들의 목표는 대단히 공격적이었고, 목표에 다가가기 위한 방식도 대단히 폭력적이었다. 그리고 그 폭력성을 상징하는 인물이 하나 있다. 바로 박춘금이라는 인간이다.

재일조선인 처우 문제의 뿌리, 박춘금의 탄생

사실 참정권 운동을 했던 이들, 정확히는 각파유지연맹의 소속원들이 폭력적이어야 했던 이유는 명확했다. 절대 다수의 조선인이 그들의 주장을 받아들일 생각이 없었기 때문이다. 조선인들은 불과 수년 전, 일본으로부터의 치욕을 견디지 못하고 전국적으로 항쟁을 벌이지 않았던가. 이런 상황에서 각파유지연맹이 다수의 조선인들을 설득할 수 있는 방식은 오로지 폭력뿐이었다.

그 폭력의 선봉에 섰던 박춘금은 대단히 독특한 삶을 살았던 인물이었다. 박춘금은 한국에서는 친일인명사전에 기록된 악명 높은 친일파지만, 일본에서는 '식민지 조선에 제도적 차별을 하지 않고 동등한 권리를 부여'한 일본의 식민통치 시스템의 우수성을 강조하는 대표적인 사례로 손꼽히는 자다.

박춘금은 '재일한국인 조선인을 비롯한 외국인이 일본에서 부당한 권리를 누린다'고 주장하는 이들이 존재할 수 있는 근거가 되기도 한다. 이들은 식민지 당시의 조선이 일본에 속한 하나의 지방으로 대우 받으며 동등한 지위를 누렸고, 식민지 조선인에 대한 차별 또한 존재하지 않았다고 강변한다. 나아가 이들은 해방 이후 재일조선인들이 타의가 아닌 자의로 일본에 남았으므로 이들에 대한 각종 '특권'을 폐지해야 한다고 주장하기도 한다.

지금 글을 읽는 사람 중에는 대체 박춘금이 어떤 짓을 했기에 저런 이야기를 당당히 하는 자들이 생겨난 건가 싶은 경우도 있을지 모르겠다. 더불어 이 사실을 알게 되면 '우리가 그간 알고 있던 내용은 거짓이란 말인가?'라며 자신이 알고 있던 일제강점기 관련 지식을 의심할지도 모른다. 바로 그가 일본 제국의회에서 중의원까지 당선된 식민지 시기 조선인이라는 사실 말이다. 정말 우리가 그간 알고 있던 식민지 차별은 허상이란 말인가?

당연히, 결코, 단언컨대 아니다. 박춘금의 중의원 당선은 1930년대에 일본 정부와 조선총독부가 선전하려던 '식민지 동화의 성공'이라는 프레임을 만들기 위한 프로젝트 중 하나였다. 다시 말해, 1930년대 제국주의 일본이 씌웠던 프레임이 21세기 일본에서도 여전히 작동하며 재일조선인 문제를 더욱 복잡하게 꼬아버리고 있다는 말이다. 대체 그는 어떤 삶을 살았기에 거의 100년이 다 된 지금까지 물의를 일으키고 있는 것일까?

1891년 양산에서 태어난 박춘금은 1906년 일본으로 건너가 노동자 생활을 시작한다. 그러다 1917년에 우연한 기회로 인삼 판매를 하게 되었고, 이를 통해 꽤 많은 돈을 만지게 되었다. 그리고 그는 자신이 번 돈을 활용해 나고야 조선인회 회장이 되면서 차츰 주목받기 시작한다. 당시 일본은 제1차 세계대전에 따른 호황을 누리고 있었다. 호황은 일본 내 노동력 부족 현상 낳았고, 이를 해결할 값싼 대체 노동력으로 조선인이 선택되었다. 일본 내 조선인의 숫자가 급격히 증가하자, 누군가는 이들을 관리할 필요성이 제기되었다. 박춘금은 이때를 노린다. 일본인 폭력배 도야마 미쓰루와 교류하며 자신의 영향력을 키워나간 것이다.

박춘금은 1920년 도쿄에서 조선인 노동자들을 모아 상구회相救會라는 단체를 세우고 스스로 회장직에 올랐다. 다음해인

1921년, 상구회는 보다 중대한 변화를 맞이한다. '암야를 헤매는 조선인 노동자를 구제유도'한다는 취지에 '민족적 차별 관념 철폐와 철저한 내선융화를 도모'한다는 취치가 추가된 것이다. 그저 폭력을 동반해 일본의 조선인 노동자를 관리하던 단체에 정치색이 더해지기 시작했다는 이야기이다. 그렇게 상구회는 상애회相愛會라는 이름으로 다시 태어난다.

관동대지진을 기회로 삼았던 조선인 깡패

박춘금의 조직은 일본 곳곳에 지부를 설립하며 확장을 거듭했다. 당시 상애회는 일본으로 막 건너온 조선인들에게 대단히 고마운 존재로 비춰졌다. 아무 연고도 없이 돈을 벌기 위해 일본으로 건너온 이들에게 무료로 숙박시설을 제공하거나 직업을 알선해주는 단체로 알려졌기 때문이다. 하지만 이들이 모르는 것이 있었다. 일본인 사업자에게 조선인 노동자를 소개하고 알선료를 챙긴 뒤, 상애회의 역할이 180도 달라진다는 것 말이다.

알선 이후 상애회의 역할은 이들 조선인 노동자를 사업장에서 관리하고 통제하는 것으로 돌변했다. '감히' 조선인 노동자들이 노동운동이나 항일운동을 위해 뭉치는 행동을 하지 못하도록 사전에 파악해 폭력을 행사하며 파괴했다는 이야기이다.

쉽게 말해, 이들은 재일조선인 노동자들을 상대로 "조용히 일만 해"라며 협박하는 깡패였다.

이들이 저지른 가장 심각하고도 반인륜적인 행동은 1923년 9월 관동대지진 때 발생한다. 지진이 발생한 뒤 관동지역에서 조선인에 대한 무자비한 학살이 일어나자, 상애회는 이른바 '노동봉사대'를 결성하고 사망한 조선인들의 시체 처리를 도맡았다. 그뿐만이 아니었다. 이들은 관동지역에 내에 있는 조선인 노동자를 색출하고 수용하는 작업에 종사하기도 했는데, 상애회의 이러한 행동은 학살 공포를 안고 살아가던 같은 조선인들에게는 너무나 절망적인 것이었다.

관동대지진, 더 정확한 표현으로 관동대학살 당시 박춘금과 상애회의 활동은 일본 내에서 그들의 입지를 더욱 단단하게 만드는 계기가 된다. 일본 정부 입장에서는 조선인 노동자를 관리하는 것을 넘어 골치 아픈 문제까지 '처리'해주는 박춘금과 상애회가 기특할 수밖에 없었다. 이후 이들은 조선총독부의 지원을 받아 일본의 육군성과 교섭해 도쿄 육군 양곡창의 구내 빈터를 불하받는다. 그리고 도쿄부와 진재선후회震災先後會의 보조금과 조선은행의 자금을 얻어 이곳에 상애관相愛館이라는 그럴싸한 건물도 올린다.

1924년 4월, 상애회는 자신들의 영향력을 더욱 넓히기 시작했다. 일본을 넘어 서울에도 노동상애회라는 일종의 조선 지부를 조직한 것이다. 아마 박춘금 스스로는 노동상애회가 만들어진 그날, 금의환향했다고 생각할지도 모르겠다. 돈 벌기 위해 떠나야 했던 조선으로 돌아와 자신이 대표로 있는 단체를 설립하다니 말이다. 어차피 그에게 과정 따위는 의미가 없었다. 이후 박춘금은 조선에서 참정권운동에 열을 올리고 있던 각파유지연맹 소식을 접하고 그들과도 접점을 만들어나가기 시작했다. 각파유지연맹은 조선에서도 자신의 영향력을 키워나가고자 했던 박춘금에게 딱 어울리는 단체였다.

'식도원'에서 벌어진 언론탄압, 아니 언론인 폭행 사건

한편, 각파유지연맹의 활동은 다른 조선인 그룹의 격한 반대를 야기했다. 특히 자치운동 세력은 참정권운동 세력과 강하게 선을 그었다. 자치운동을 주도하던 동아일보는 참정권운동에 대한 반대여론을 형성해 나갔다. 동아일보는 사설을 통해 '연맹의 3대 강령은 일선융화를 선전, 알선'하는 것이며, '연맹은 총독정치의 선전기관'이라는 주장을 펼쳤다. 간단히 말해 각파유지연맹은 그저 자신들의 배를 불리기 위해 만들어진 단체이며, 그들의 배후에 총독부가 있다고 폭로한 것이다.

여기서 잠깐, 동아일보를 중심으로 한 그 당시 자치운동의

맥락을 조금 더 자세히 살펴볼 필요가 있다. 이들의 주장은 쉽게 말해 '민족적 권리와 이익을 옹호'하기 위한 '합법적 정치결사 단체가 필요'하다는 것이었다. 이렇게만 들으면 자치운동과 참정권운동이 같은 주장을 한 것처럼 보일 수도 있다. 하지만 둘 사이에는 결정적인 차이가 있다. 바로 자치운동의 최종목적에는 '조선의 독립'이 있었다는 것이다. 이는 일본 본토의 연장, 그러니까 조선을 일본의 지방으로 편입해 제국의회에 참가시킨다는 목표를 가진 참정권운동과는 분명 다른 방향이었다. 문제는 그럼에도 각파유지연맹이 동아일보를 '같은 편'으로 인식했다는 것이었다. 이들은 적어도 '조선인의회 설치'라는 중간 단계에서 동아일보와 각파유지연맹이 만날 수 있다고 믿었다.

결국 이들은 얼마 뒤, 어마어마한 사고를 치게 된다. 전말은 이렇다. 어느 날 각파유지연맹 소속의 채기두라는 인물이 식도원이라는 식당으로 동아일보 사장 송진우와 이사 김성수를 불러들였다. 그는 그곳에서 '아무리 그래도 신문에서 인신공격까지 한 것은 너무하다'며 두 사람에게 항의했다. 하지만 김성수와 송진우는 채두기의 말을 시종일관 무시했다. 어차피 방향도, 목표도 다른 이와 언쟁할 필요가 없다고 여겼기 때문이다.

문제는 채두기가 혼자 식당으로 오지 않았다는 사실이었다. 옆방에 대기하고 있던 박춘금과 깡패 무리들이 난입해 합석을 요구한 것이다. 박춘금을 본 송진우와 김성수는 크게 당황했다.

두 사람은 박춘금이 깡패라는 사실을 이미 알고 있었다. 일전에 박춘금이 단도와 몽둥이를 들고 동아일보로 찾아와 재외동포위문금을 자신의 사업에 제공하라고 행패를 부린 전적이 있었기 때문이다. 박춘금은 이 자리에서 송진우와 김성수에게 공개사과를 하고 돈을 내놓으라고 협박했다.

그런데 며칠 뒤, 문제가 이상한 방향으로 흘러가기 시작했다. 송진우가 실제로 사과 각서를 써주었다는 소문이 퍼진 것이다. 이에 대해 송진우는 끝까지 각서를 써준 사실이 없다고 주장했고, 동아일보는 소문의 근원지인 매일신보를 강하게 비판했다. 그러자 매일신보는 마치 기다렸다는 듯 송진우가 썼다는 '각서 원본'을 사진으로 공개하며 동아일보를 재비난했다. 결국 이 문제는 두 언론사 사이에 진실 공방으로까지 이어지게 된다.

정확한 진실은 알 수 없지만 남겨진 내용을 통해 당시 현장 분위기를 대강 확인할 수는 있다. 우선 박춘금은 권총을 들이밀며 송진우를 협박했다. 그 협박에 못 이겨 송진우는 꾸역꾸역 각서를 써주었고, 김성수는 그에게 3000원을 주겠다고 약속했다. 이 사건으로 인해 언론인 송진우는 거짓말쟁이가 되어 버렸다. 이 모든 과정이 협박에 의한 것이었건 아니건, 그가 각서를 써준 것은 부정할 수 없는 사실이었기 때문이다.

타격을 입은 건 동아일보와 송진우 뿐만이 아니었다. 이 일로 인해 각파유지연맹이 추진하려던 자치운동 계열과의 연대는 영영 불가능한 일이 되어버렸다. 폭력을 동반하지 않으면 이룰 수 없는 목표였기에 이는 어쩌면 당연한 결과였다. 운신의 폭이 좁아진 각파유지연맹은 활동폭이 크게 줄어들었다. 이후 연맹은 점점 분열되었고, 결국은 해체되고 만다.

깡패가 중의원이 되던 날

이와는 별개로 박춘금의 활동은 더욱 활발해져 갔다. 어차피 그에게 조선의 참정권이나 각파유지연맹의 존망 따위는 크게 상관없었기 때문이다. 그는 조선에서도 폭력을 통해 본인의 영향력을 넓혀 나갔다. 대표적인 예가 1924년 7월에 일어난 하의도 소작쟁의의 처리 과정이었다. 쟁의가 발생하자 농민회를 습격해 조선인 농민들을 폭행하고 강제로 소작계약서를 받아냈으며, 1928년에 쟁의가 다시 일어났을 때에는 급기야 농민회를 해산시켜 버린 것이다. 이후 다시 일본으로 돌아간 박춘금은 여러 기관 및 단체로부터 각종 자금을 받아내며 자신의 건재를 과시했다. 더불어 '든든한' 수장의 활약에 힘입어 상애회는 회원 수 10만 명이 넘는 전국 조직으로 발전하게 된다.

박춘금은 더 큰 기회를 잡기 위한 준비를 시작했다. 중의원 선거에 출마하기로 결심한 것이다. 그가 이런 결심을 한 데에는 조선총독부의 영향이 컸다. 총독부 입장에서 조선인 중의원이 나온다는 것은 일본 내에서 '차별 없이' 성공한 조선인이 배출되었음을 알리는 주요한 근거가 될 수 있었다. 그리고 이를 실현하는 데 박춘금만큼 말이 잘 통하는 상대도 없었고 말이다.

박춘금은 선거에 나가 일본이 조선인이라는 새로운 일본인을 포함하는 '신일본'이 되어야 한다고 주장했다. 이러한 그의 주장은 당시 일본 정계를 자극하기에 충분했다. 만주사변 이후 국제적인 압력을 받는 상황에서, 식민지 출신 인물이 스스로 '신일본'의 국민임을 자처한 사건이었기 때문이다. 나아가 이런 인물이 제국의회에 진출한다는 것은 진정한 대제국으로 거듭난 일본의 새로운 면모를 전 세계에 알리는 것이기도 했다. 결국 박춘금은 화려한 스포트라이트를 받으며 1932년 일본제국 18대 중의원 선거에서 도쿄시 제4구에 무소속 후보로 당선된다.

당시 박춘금의 의정 활동은 조선인의 만주로의 이민 추진, 조선에서의 참정권 부여, 조선인 병역의무 부여 등 '조선 문제'에 집중되었다. 당연하게도 그의 주장은 대부분 정책에 반영되지 못했다. 게다가 박춘금은 1936년 중의원 선거에서 낙선한다. 조선 문제에 치중한 그의 의회 활동이 지역구에서 반발을 샀기 때문이다. 그러나 박춘금은 멈추지 않았다. 일본과 조선을 넘나들며 춘만광산 등 여러 이권 사업을 경영했고, 1940년에는 중의원으로 재당선되는 쾌거(?)를 이루기도 했다.

얼마 뒤, 그의 화려한 시절도 끝이 났다. 일본 제국주의가 1945년 8월 15일 패망했기 때문이다. 박춘금은 비밀리에 한국으로 돌아왔지만 1949년 1월 반민족행위특별조사위원회, 줄여서 반민특위가 결성되며 체포령이 떨어져 다시 일본으로 출국했다. 하지만 반민특위는 얼마 지나지 않아 와해되었고, 이후 박춘금은 일본에서 평생토록, 아주 안전하게 기거할 수 있게 되었다.

그는 한결같은 일생을 살았다. 조선인 노동자들의 푼돈을 뜯기 위해 폭력을 행사했으며, 학살의 동조라는 폭력을 자행했고, 끝내는 조선인 청년들을 전쟁터로 끌고 가는 데까지 나아갔다. 어쩌면 반민특위 실패라는 역사가 지닌 가장 큰 과오는 박춘금이라는 인물을 단죄하지 못한 것일지도 모르겠다. 한 인간을 단죄함으로써 얻을 수 있는 교훈이라는 것은 분명 한계가 있다. 그러나 박춘금 같은 악질적 인물에게조차 그 죄를 묻지 못한 것은 참으로 애석하고 안타까운 일이다.

민주주의의 탈을 쓴
제국의 개

살다보면 사는 것 자체가 나쁜 놈인데 때깔 좋게 문화인처럼 행세하는 존재들을 본다. 생각 없이 사람들을 괴롭게 하는 자들 말이다. 그런데 그런 자들보다 더 나쁜 놈들이 있다.

바로 제도를 활용해 의도적으로 사람을 괴롭히는 자들이다. 민주주의는 광범위한 결사의 자유와 표현의 자유, 언론의 자유를 보장한다. 소수 특권 계급의 폭정으로부터 힘이 약한 다수를 보호하기 위해 마련된 기본적인 원칙들이다. 하지만 이러한 제도는 특정 집단이 자신들의 이익을 위해 다수에게 제도적인 폭력을 가하는 경우에 취약점을 드러내기도 한다. 그들이 가하는 '폭력의 자유'는 어떻게 이해해야 하는가? 제도를 이용하는 나쁜 놈, 특히 일제강점기 시기의 가짜 민주주의를 이용한 친일파 박춘금은 그중에서도 최악이었다. 박춘금은 일제가 만든 제도적 폭력의 또 다른 양상이다.

일본 제국의 통치형태는 명목상으로는 영국과 같은 입헌군주제였다. 그러나 실제 그들이 보여준 모습은 제2차 세계대전을 일으킨 히틀러의 나치당에 더 가까웠다. 나치당은 합법적으로 선출된 권력이었지만 그 뒤에는 더욱 더 광범위하고 치밀한 정치 폭력이 존재했다. 백색 테러와 집단폭력, 언론통제 같은 수단이 일상화된 형식적인 민주주의, 즉 파시즘이었던 것이다. 파시즘과 가까운 것은 일제뿐만이 아니었다. 이야기의 주인공, 박춘금도 마찬가지였기 때문이다. 박춘금은 일본 제국의회의 중의원에 선출된 인물이었다. 그는 일본 제국의 중의원으로 민주주의의 수혜를 받았지만, 폭력과 억압을 자신의 목표 달성을 위한 주된 수단으로 활용했다. 더불어 그를 키워준 것은 관동대지진 당시 진실을 은폐했던 학살자들이었다.

박춘금은 제국의 민주주의가 별 볼일 없는 조선인 유전자를 가진 자신을 제국의 일원으로 만들어줄 절호의 기회라고 여겼다. 그런 그에게 문화통치 시기 조선에서 벌어진 일련의 상황은 자신의 욕망을 실현할 기회나 다름없었다. 특히 '참정권운동'은 그가 가진 욕망을 실현하기에 더할 나위 없이 좋은 주장을 담고 있었다. 형식적으로 조선은 일본 제국의 일부이고, 그 일부를 대표해서 자신이

제국의회로 진출한다. 이것이야말로 그가 원한 출세의 시작이자 끝이 아니었을까?

1920년 1월에 설립된 국민협회는 바로 '참정권운동 그룹'이었다. 즉, 일본 중의원 선거구를 조선 지역에도 두고 '조선인을 제국의회의 중의원으로 선출하자'는 주장을 펼친 단체였던 거다. 이는 일본 제국 본토의 '다이쇼 데모크라시'와 보통선거 분위기에 더해 3.1운동 이후 조선에서 전개된 문화통치라는 허상이 만든 기묘한 결과물이었다.

국민협회에 이어 세를 불린 조직은 '각파유지연맹'이었다. 이들의 성장세는 결국 박춘금의 폭력성과 연결된다. 박춘금은 제국의회 진출이라는 목표 아래 대단히 공격적이고 폭력적인 방식을 서슴지 않고 자행한 인물이었다. 그는 자신의 목적을 위해서라면 언론사 사주에 대한 폭력도 마다하지 않았다. 심지어 그는 전력도 있었다. 관동대지진 때가 그러했으며, 소작쟁의에 대한 청부테러 당시가 그러했다. 이러한 행동은 그가 자신의 세력을 유지하고 제국의 후원을 받기 위한 방법이었다. 해방 직후 정치깡패의 원조랄까? 아니면 나치당의 전술과 유사하다고 할까? 결국 그는 중의원 지위를 유지하지 못한다. 가짜 민주주의와 위장된 식민지 지배에 부려먹기 좋은 제국의 개는 당연하게도 태평양 전쟁의 총동원 시대에는 아무 의미 없는 친일파 조선인이었을 뿐이다.

해방 이후, 그러니까 제국의 패전 이후 박춘금은 일본인으로 살고 싶었다. 하지만 그를 알아주는 것은 역시 조선이었다. 물론 제국의 민주주의자 중의원이 아닌 '친일파' 박춘금으로 말이다. 그는 민족과 민주주의를 배신한 파시스트, 민족반역자 박춘금이다.

해방이 될지 몰랐으니까

2015년에 개봉한 최동훈 감독의 영화 <암살>은 누적 관객 1,270만 명을 돌파하며 흥행에 크게 성공했다. 2시간이 조금 넘는 영화에는 여러 가지 장면들이 등장했지만, 내 뇌리에 너무나도 가슴 아프게 남은 장면은 친일파 염석진의 죽음에 관한 부분이었다. 물론 친일파가 죽어서 가슴 아픈 것이 아니라, 그의 죽음 과정 자체가 너무 판타지였기 때문이었다. 무슨 말이냐고? 염석진이 결국 죽게 된다는 사실이 판타지였다는 이야기이다. 현실의 친일파는 죽음으로 죗값을 치른 적이 거의 없기 때문이다. 더불어 그가 마지막에 남긴 말도 내내 뇌리에 박혔다. "몰랐으니까, 해방이 될지 몰랐으니까"라는 대사 말이다.

우리가 흔히 이야기하는 '친일파'는 창씨개명을 할 수밖에 없었던 대다수의 사람들을 두고 하는 말이 아니다. 즉, 강제적인 명령에 따를 수밖에 없었고 국권을 빼앗겨 무엇을 하려 해도 할 수 없었던 사람들이 아니라 일본의 권력에 기대어 자발적으로 같은 조선인을 괴롭혔던 자들을 친일파라고 부른다는 이야기이다. 친일파 박춘금도 아마 염석진처럼 '해방이 될지 몰랐으니까' 적극적으로 나서서 자신의 이득을 챙기려 했을 것이다.

박춘금의 여러 이력 중 가장 분노를 자아내는 것은 관동대지진 때의 행동이다. 당시 일본 자경단은 흉흉한 소문을 앞세워 재일조선인을 무차별적으로 학살했다. 이런 상황에서 박춘금과 상애회는 앞장서서 조선인의 시체를 처리하고 노동자들을 색출하고 다녔다. 우리를 더 분노하게 만드는 건 박춘금이 이 일을 계기로 당시 일본의 '인정'을 받아 더욱 승승장구했다는 사실이다. 심지어 총독부의 지원을 받아 건물까지 올렸으니 당시 그의 입지를 알 만하다. 관동대지진 100주기를 맞은 지난해 8월, 당시 학살당한 조선인 희생자의 유족이 직접 도쿄를 방문해 기자회견을 열었다. 요구사항은 진상규명과 사과였다. 같은 날 중국인 유족 15명도 도쿄를 방문했다. 이들도 마찬가지로 사과와 배상을 요구했다. 이에 대해 마쓰노 히로카즈 관방 장관은 '정부 내에서 사실관계를 파악할 수 있는 기록은 발견되지 않았다'며 학살을 인정조차 하지 않았다. 정치권이 나서서 이 일에 대한 진상규명 요구를 해야 한다.

　나아가 병행되어야 할 것이 하나 더 있다. 바로 박춘금의 만행을 알리고, 이를 기억하는 것이다. '당시 가슴 아픈 사건이 있었다'거나 '그런 역사가 있었다'고 말하는 것만으로는 부족하다. 반드시 기억해야 할 이름, 잊지 않아야 할 일이기 때문이다.

　단단한 댐도 자그마한 구멍이 나면 이내 물이 새고 무너질 수 있다. 박춘금과 친일한 자들 중에는 진짜로 해방이 될지 몰라서 그를 따른 경우도 있었을 것이고, 별다른 고민 없이 조금 더 편하게 살려고 그와 함께 한 경우도 있었을 것이다. 하지만 박춘금과 같은 이들이 등장하고, 뒤이어 그를 따르는 자들이 늘어났을 때 이를 지켜보아야 했던 수많은 조선인들의 마음은 어떠했을까?

　박춘금이 정확히 무슨 생각으로 친일 행각을 벌였는지 우리는 알 수 없다. 하지만 해야 할 일은 명확하다. 바로 '알리는 것'이다. 이 글을 쓰고 있는 나 역시 방송을 통해 박춘금을 처음 접했다. 다른 친일파 혹은 악인들의 이름은 적어도 한 번은 들어보았음에도 불구하고 말이다. 친일파와 민족반역자를 상대로 우리가 반드시 해야 할 일은 그들의 이름을 알리고 악행을 기억하는 것이다. 겨우 단단해진 댐이 다시 무너지지 않도록 말이다.

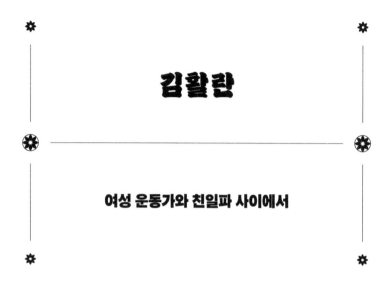

김활란

여성 운동가와 친일파 사이에서

'여성'이라는 이름으로

식민지 시기, 그리고 해방 이후 한국 사회에서 김활란은 늘 논란의 중심에 선 인물이었다. 그는 한국 여성 최초로 박사학위를 받은 인물이며, 여성 최초이자 유일한 전문학교 총장이라는 타이틀을 가지고 있다. 동시에 그는 일제의 황국신민화 정책을 적극적으로 옹호하는 다양한 관변단체에서 간부로 활약하기도 했다. 평가가 엇갈리는 건 당연하다는 이야기이다.

이런 엇갈린 평가는 해방 이후에도 계속됐다. 그는 해방과 동시에 이화여대 총장직을 맡으며 친일파에서 여성 교육자로 화려하게 변신에 성공했다. 그리고 YWCA, 한국여성단체협의회, 대한부인회 등 다양한 여성단체를 설립하고 스스로 회장직을 맡았다. 그는 대한민국 정부가 수립되자 이러한 공로를 인정받아 유엔총회 한국대표와 공보처장 등을 역임하며 교육과 정치를 넘어 외교 분야까지 자신의 영향력을 넓혀갔다.

김활란을 바라보는 시선의 차이는 2000년대 이후에도 양극단으로 갈렸다. 2002년 국무총리로 지명되었던 장상의 인사청문회 과정에서 뜬금없이 김활란이라는 이름이 등장했을 때도 마찬가지였다. 장상 지명자가 이화여대 총장 재직 당시 '김활란 기념사업'을 추진했다는 이유에서였다. 논란은 김활란의 '친일 행적'과 '여성 교육에 대한 공헌'으로 좁혀졌다. 사실 식민지 시기 수많은 지식인은 각자의 자리에서 훌륭한 역할을 해나가면서도 친일적 행위를 농시에 하곤 했다. 그리고 그럴 때마다 등장하는 논리가 바로 '공과 과'를 함께 평가해야 한다는 것이었고 말이다.

김활란은 식민지 지식인들을 평가하는 논란에서 결을 달리하는 부분이 분명 존재한다. 바로 '여성'이라는 점이다. 그는 암울했던 식민지 시기 신여성을 대표하는 지식인이자 여성운동의 선각자로 활동했던 인물이다. 모든 역사가 '국가'와 '민족' 중심으로만 해석될 수 없기 때문에, 김활란의 행위도 '여성'이라는 점을 부각하여 해석할 수도 있다는 이야기이다. 그런데 문제는 과연 김활란의 친일행위가 식민지 조선 여성의 지위 향상을 위한 것이었냐는 점이다. 한반도를 비롯한 동아시아 전체가 전쟁의 참화 속으로 빨려 들어가고 있던 그때, 김활란은 오로지 조선인 여성을 위해 그런 행위를 했던 걸까? 그가 만들고자 했던 세상 속에서 조선인 여성은 어디에 존재하고 있었을까?

근대의 파도는 남녀를 가리지 않는다

개항 이후 조선은 급격한 변화를 맞이했다. 그중에서도 변화의 중심에 선 분야는 단연 교육이었다. 이 과정에서 등장하는 학교가 바로 여성 교육기관이다. 물론 조선에도 일부 양반층 여성들은 수준 높은 교육을 받을 수 있었다. 하지만 남성들이 받는 교육과는 차이가 있었으며, 교육을 받을 수 있는 여성도 그나마 극소수에 지나지 않았다. 조선에서 교육은 철저히 남성의 전유물이었다. 그렇기에 개항 이후 여성 교육의 시작은 대단히 혁신적이었고, 엄청난 파장을 일으켰다.

초창기 여성 교육을 위한 기관은 주로 선교사들에 의해 생겨났다. 1886년 이화학당을 시작으로 1894년 평양 정의여학교가 지방 여성 교육의 문을 열었다. 이후 정신여학교와 부산 일신여학교, 평양 숭현여학교, 인천 영화여학교 등이 운영되며 조선에도 근대교육 과정을 이수한 여성의 수가 늘어나게 되었다.

여성 교육기관의 목표는 무엇보다 남녀가 평등하다는 생각을 심어주는 것이었으며, 더불어 여성이 사회에 참여할 수 있도록 하는 데에 있었다. 이러한 교육방침은 자연스럽게 교육구국敎育救國을 위해 여성 인재를 길러내는 방향으로 확대되었고, 나아가 조선의 진정한 독립을 위해 여성도 동참할 수 있다는 생각으로 이어지게 되었다.

이러한 여성 교육의 흐름은 1910년 국권이 피탈된 뒤부터 차츰 왜곡되기 시작한다. 일제의 조선 교육관은 남녀를 가리지 않고, 조선인을 식민지민으로 재탄생시켜야 한다는 것이었다. 때문에 식민지 시기에 이루어진 여성 교육은 양적으로는 팽창하면서도 내적으로는 왜곡되는 과정을 겪을 수밖에 없었다.

신식교육을 이수한 여성들은 식민지 조선에서 여성의 시위와 생활개선을 위한 '신여성 운동'을 시작한다. 이들은 여성의 연애 문제, 봉건적 가족제도 아래 피해 받아 왔던 여성 문제 등을 해결하기 위해 노력했고, 여성의 계몽을 위한 학교설립 운동도 함께 전개해 나갔다. 더불어 여성의 중등 교육이 본격화되면서 여성이 전문 직종에 진출하는 경우도 점차 늘어나게 되었다. 특히 신여성의 활발한 사회진출은 의료계와 교육계로 집중되었다.

1920년대 들어서면서부터 고등교육을 이수한 신여성들이 증가하기 시작했다. 흔히 이들을 초기 1세대 신여성들과 구분하기 위해 2세대 신여성이라고 지칭하기도 한다. 2세대 신여성은 비슷한 생각을 가진 이들을 모아 조직을 만들고 본격적인 사회운동을 전개해 나갔다. 이들은 여성의 활동 영역도 대폭 확장시켜 나갔다. 의료와 교육에 국한되었던 기존의 한계를 넘어 언론과 문학예술계에서도 적극적으로 활동하기 시작한 것이다. 특히 언론은 이들의 주요한 활동 무대 중 하나였다. 김활란은 이러한 변화 속에서 두드러진 활약을 보이며 2세대 신여성을 대표하는 활동가로 자리 잡는다.

'신여성' 김활란의 탄생

김활란은 1899년 인천 배다리 마을에서 사업가였던 김진연과 기독교 신자였던 어머니 박도라의 3남 5녀 중 막내딸로 태어났다. 김활란의 집안은 그리 가난하지도, 그렇다고 아주 부유하지도 않았다. 다만 특이한 건 어머니의 종교였다. 어머니의 영향으로 그의 가족 모두 기독교 신자가 되었다. 김활란은 어린 시절부터 어머니에게 기독교 신앙교육을 받았다. '활란'이라는 이름도 종교의 영향이었다. 원래 그의 이름은 김기덕이었다. 하지만 어머니를 따라 7세 때에 감리교에 입교하면서 '헬렌Helen'이라는 세례명을 받게 되었고, 이를 한자로 고쳐 '활란'이라고 개명한 것이었다. 그렇게 그에게 기독교는 중요한 삶의 기준점이된다.

김활란의 어머니는 넉넉하지 않은 집안 환경 속에서도 자신의 딸들이 신식교육을 받아야 한다고 생각했다. 덕분에 그는 어머니의 권유로 영화소학교에 입학할 수 있었고, 서울로 이주한뒤에는 기독교 계열의 학교인 이화학당에 들어간다. 훗날 김활란 인생의 거의 모든 것이라 할 수 있는 '이화'와의 운명적 만남이 시작된 것이다.

김활란은 이화학당에서의 교육과정을 충실히 밟아나갔고, 기독교를 통해 조선의 근대화를 이루기 위한 활동을 시작한다. 이 가운데 김활란의 사고에 깊숙이 침투한 사상이 바로 민족주의였다. 이화학당은 배재학당 등과 더불어 조선인 엘리트들의 민족주의적 사고를 길러낸 교육기관 중 하나였기 때문이다. 그렇게 김활란은 스스로 엘리트 여성으로서의 정체성을 덧입혀나갔다. 더불어 이를 더욱 뒷받침하기 위한 보다 수준 높은 교육에 열을 올렸다.

김활란은 1918년 이화학당 대학부를 제1회로 졸업했고, 이듬해인 1919년부터 이화학당 고등보통과 영어 교사로 자신의 커리어를 시작했다. 그리고 바로 이때 3.1 운동이 일어났다. 그는

3.1운동을 그저 관망만 하고 있지는 않았다. 엘리트 지식인으로서 조선독립을 위한 비밀 결사에 참여한 것이다. 이뿐만이 아니었다. 그는 여성운동의 첫 걸음으로 '문맹퇴치운동'을 전개해 나갔다. 그에게 '문맹퇴치'란 한글을 보급하는 활동을 넘어 여성이 상식을 익히고, 자기계발을 통해 사회의식을 높이는 시작점이었다.

김활란의 이러한 활동은 결국 조선총독부와의 갈등으로 이어졌다. 활동이 중단된 김활란의 선택지는 미국으로의 유학이었다. 1922년 미국 오하이오주 오하이오 웨슬리언 대학교 2학년에 편입한 김활란은 철학, 교육학 등을 공부하고, 1924년 오하이오 우수 졸업생으로 학사 학위를 받는다. 이후 그는 보스톤대학교에서 석사 과정을 이수하고 조선으로 귀국한다.

중등교육을 받은 여성조차 희귀했던 식민지 조선에서 미국에서 유학까지 마친 고학력 여성의 존재는 특별했다. 김활란은 달라진 자신의 위상을 실감하며 보다 과감한 이야기를 여성들에게 하기 시작했다. 다시 말해, 여성들이 집밖으로 나와 직업을 가지고 사회생활에 참여해야 한다는 메시지를 던진 것이다. 그는 그저 메시지를 던지는 데에서 멈추지 않았다. 뜻을 함께하는 여성들과 실력양성론을 바탕으로 다양한 외교활동을 펼치는 단체인 조선여자기독교청년회연합회, 즉 YWCA를 창설한 것이다. 그리고 얼마 뒤, 그는 1925년 6월 이화여자전문학교의 교수로 임용되었고, 뒤이어 학감을 겸임하게 되었다.

그는 이후에도 자신의 위치를 한층 더 높이기 위한 노력을 게을리 하지 않았다. 1927년에 컬럼비아 대학교 박사 과정에 입학했고, 학업 중에 여성운동계의 좌우합작 조직인 근우회에 참여한 것이다. 여성 모임에만 자신의 위치를 한정 짓지도 않았다. 신간회의 발기인으로 참여하며 남성 중심의 단체에서 여성의 목소리를 내기 위한 활동을 전개한 것이다. 그리고 1932년, 〈한국 농촌 재건을 위한 교육〉이라는 논문으로 박사학위를 받은 김활란은 '조선 여성 최초의 박사'라는 타이틀을 얻고 화려하게 귀국한다.

전쟁의 소용돌이 속에서

김활란은 이화여자전문학교 교수로서 농촌계몽을 위한 브나로드 운동에 동참한다. 하지만 1930년대 식민지 조선은 그가 유학길에 올랐던 1920년대와는 달랐다. 농촌운동은 사실상 실패해 침체된 상태였고, 신간회 해소 이후 독립운동도 기세가 꺾여 있었다. 당시 수많은 민족주의 독립운동가들이 전향을 선택하게 된 것도 이러한 암울한 분위기가 한몫했다.

1936년 무렵부터 김활란의 목소리에도 '친일적' 내용이 담기기 시작했다. 특히 그는 중일전쟁 이후 칼럼과 강연 활동을 통해 전쟁을 옹호하기 시작했다. 더불어 조선총독부가 지원하는 다양한 단체에 참여하며 이전과는 다른 행보를 보이기 시작한다. 미국에서 오랜 시간 유학을 했던 자신을 반성하며, 일본어 공부를 시작한 것도 이 즈음이었다. 그는 이화여전과 YWCA 내 권력을 장악하기 위해서도 애쓰기 시작했다. 특히 그는 이화여전의 교권을 두고 당시 교장이었던 아펜젤러와 대립하며 '이화여전의 조선화를 선교사 교수들이 훼방 놓고 있다'고 학내 정치에 열을 올렸다.

갑자기 김활란의 활동 방향이 변하게 된 이유는 무엇일까? 당시 일본 제국주의는 대륙침략을 본격화하면서 선교사들이 설립한 조선 내의 사립학교를 장악하기 위한 작업에 착수했다. 이유는 명확했다. 영미권 선교사가 경영하는 학교가 일제의 전시 교육정책을 원만히 따르지 않을 것이라는 이유에서였다. 조선총독부는 외국인 선교사를 대체해 조선인들이 각 학교의 이사회를 장악할 수 있도록 유도하고 있었고, 김활란은 이 과정에서 총독부로부터 낙점된 엘리트 조선 여성이었다. 그렇게 이화여전은 1939년 아펜젤러에서 김활란으로 교장을 교체한다.

이후 김활란의 친일행위는 국민총력조선연맹 평의원, 조선교화단체연합회 부인계몽독려반 등 각종 친일단체의 임원직을 맡으며 더욱 노골화된다. 열악했던 조선인 여성들의 사회적 위치를 위해 노력하던 그의 목소리는 일본 제국을 위한 '노력동원'과 전시 경제를 위한 '가정의 절약과 저축'을 강조하는 것으로 변화했다. 심지어 그는 "국가를 위해서는 즐겁게 생명을 바친다는 정신"이 필요하다거나 "국가에 속한 남편이나 아들 또한 내 생명이 국가에 요구될 때 쓰인다는 것은 너무나 당연한 일"이라며 조선인으로서 전쟁터에 나가야 한다는 주장까지 서슴지 않았다.

훗날 김활란은 본인의 망언에 대해 이화여전을 지키기 위한 '고뇌에 찬 행동'이었다고 주장했다. 하지만 이는 변명일 뿐이었다. 우습게도 그가 이런 주장을 펼치던 시기인 1943년 이화여전은 전시교육임시조치령에 의해 대학교육 전 과정이 중단되었고, 1년제 이화여자전문학교 여자청년연성소 지도자양성과로 바뀌어 운영되었기 때문이다. 그는 학교를 지키지 못했지만, 자신의 교장 자리만큼은 지켜낸 허울뿐인 여성 지도자로 전락해 버렸다.

지금의 우리가 김활란을 바라볼 때

해방 후 김활란은 본인의 친일행위에 대해 끝내 사과하지 않았다. 그저 어쩔 수 없었다는 변명뿐이었다. 이광수의 궤변이 먹

혀들어 가던 해방 직후의 그 시절, 그는 엘리트 여성으로서 교육운동과 정치운동에 적극적으로 참여했다. 아펜젤러가 다시 한국으로 돌아왔지만, 교장 자리도 뺏기지 않았다. 한번 앉은 감투를 내려놓을 수 없었던 그는 이화여전을 종합대학인 이화여자대학교로 승격시키며 학내 정치에서도 승리한다.

정부 수립 이후 김활란은 한국 여성 지도자의 상징으로 더욱 굳건한 위치를 점하게 된다. 이승만의 단독정부 수립론을 지지한 공로를 인정받아 1948년 프랑스 파리에서 열린 제3차 유엔 총회 대표단으로 뽑혔고, 1950년 4월에는 중앙교육위원회 위원으로 위촉되기도 했다. 이후 그는 YWCA 연합회 재단 이사장에 선출되면서 식민지 시기에 자신이 누렸던 위상보다 높이 성장했다. 심지어 전쟁 중이던 1950년에는 공보처 장관을 지내기도 했으니, 엄청난 성공을 이룬 것이다.

전쟁이 끝난 뒤에도 그의 광폭 행보는 멈출 줄 몰랐다. 그는 문교부 중앙교육위원회 위원과 대한적십자사 부총재, UN총회의 대한민국 대표단으로 활동했고, 명실공히 한국 여성을 대표하는 교육계 인사로 손꼽히게 되었다. 1961년 이화여자대학교에서 퇴직한 이후로도 명예총장 겸 이화학원 재단 이사장을 맡을 만큼 '이화'에 대한 애정도 끝까지 간직했다. 그리고 1970년 2월 자택에서 과로로 인한 합병증으로 사망했다.

해방 이후 김활란의 폭넓은 활동을 보자면, 다양한 감정이

교차한다. 화려하고, 고귀하며, 수많은 명함 속에서 김활란이 진정으로 이루고자 했던 건 무엇이었을까? 그 이전에 식민지 시기, 여성으로서는 특별했던 자신의 이력을 통해 그가 해내고 싶었던 것은 무엇이었을까? 그가 염원했던 건 진정 조선과 한국 여성을 위한 것이었을까? 아니면 애초에 그저 빈껍데기에 불과한 화려한 명함에 불과했을까?

식민지 여성의 수혜를
개인의 업적으로 탈취한 명예 도둑, 김활란

구한말부터 해방에 이르기까지 우리 역사에서 미국 유학을 통해 개인의 삶을 극적으로 바꾼 몇몇 인사들이 있다. 대표적인 인물이 이승만이고, 그 외에도 유사한 궤적을 보인 사람들이 여럿 보인다. 그중 활란은 이른바 신여성으로서 유독 도드라진다. 그러나 실제로 그는 그리 특별할 것 없는 사람이었다. 반면 그의 모친 박도라는 달랐다. 기독교 전도를 받고, 딸들이 신식 교육을 받도록 한 것이다. 덕분에 활란은 영화소학교를 거쳐, 기독교 계열의 이화학당에 입학한다. 여성 교육에 있어 선교사들이 세운 교육기관은 엄청난 변화를 가져왔다. 그저 선교에 그치지 않고 남녀가 평등하다는 생각을 심어주었으며, 나아가 여성을 사회참여와 교육구국을 실천할 인재로 성장시켜 조선 독립에 동참할 수 있는 기회를 제공한 것이다. 그렇게 볼 때, 당시 활란을 비롯해 신식 교육을 받고 이룬 몇몇 인사들의 명예와 성취는 사실 개인의 힘만으로 이룬 것이 아니었다. 그러나 그들 자신은 그렇게 생각하지 않는다는 것이 지금의 문제이지만 말이다.

활란은 이화학당 보통부, 중등부, 고등보통부, 대학부를 거치며 엘리트 조선인으로 성장했다. 뒤이어 이루어진 활란의 문맹퇴치운동과 보통교육운동, 그리고 미국으로의 유학은 하나의 연결된 선이었다. 특히 1924년 오하이오 웨슬리언 대학교에서 받은 학사학위, 보스턴 대학교 석사 과정 이수라는 경력은 그를 조선인들에게 각인시키는 결정적인 역할을 했다. 중등교육을 받은 여성조차 희귀했던 식민지 조선에서 미국에서 유학까지 마친 고학력 여성의 존재는 특별할 수밖에 없었기 때문이다,

그는 멈추지 않았다. 1923년에 YWCA를 창설했으며, 1925년에는 이화여전의 교수로 임용되었다. 1927년에는 컬럼비아 대학교 박사 과정에 입학하면서, 근우회와 신간회의 발기인으로 참여한다. 그리고 마침내 1932년 박사학위를 수여받는다. 활란에게 조선 여성 최초의 박사라는 타이틀이 주어진 것이다. 귀국 후, 활란은 자신의 박사학위 논문 제목과도 같은 '한국 농촌 재건을 위한 교육'의 실현을 위해 브나로드 운동에 동참한다. 그는 농촌을 직접 돌아다니며

여성 교육의 필요성을 강연하고, 기독교 선교사업도 적극적으로 전개해 나갔다.

문제는 그 활동의 목표가 무엇을 위한 것인지가 불분명했다는 점이다. 이는 1936년 무렵 드러난 활란의 친일 활동을 통해 확인할 수 있다. 그는 중일전쟁 이후 칼럼과 강연 활동을 통해 전쟁을 옹호하기 시작했고, 총독부가 지원하는 다양한 모임에 참여하며 일본 제국을 위한 메시지 전달에 집중했다. 그는 해방 이후에도 달라지지 않았다. 친일행위에 대해 사과하는 대신, 엘리트 여성으로서 교육과 정치 운동에 적극적으로 참여하고 이화여전을 종합대학인 이화여자대학교로 승격시킨 것이다. 그는 정부 수립 이후 한국 여성 지도자의 상징으로 더욱 굳건한 위치를 점하게 되었다. 제3차 유엔총회 대표단으로 뽑혔고, 1950년에는 공보처 장관을 지내기도 했다.

그는 한 단계 성장할 때마다 늘 자신이 속한 공동체에 봉사하고 헌신해야 하는 기독교적 윤리에 직면했을 것이다. 하지만 그는 이를 실천하기보다는 번번이 회피와 개인의 명예 갱신이라는 선택지에 집중했다. 즉, 그는 엘리트 여성으로서의 정체성을 더 높은 명예와 선택적 실천으로 재갱신하면서 스스로의 존재감을 확인해나간 것이다.

이런 활란을 보면 이승만이 보이는 건 나만의 기시감일까? 아니, '이화'와 '여성 최초'에 진심인 활란을 보며 '박사'에 진심이었던 이승만을 떠올리게 되는 것은 아마도 필연일 것이다. 식민지 지식인으로서 넘치는 혜택을 받았으면, 응당 그 공동체를 위해 무엇인가 해야 하는 것이 지식인의 의무였다. 하지만 이들은 그 혜택을 개인의 명예와 권력을 위해 탕진함은 물론, 더 나아가 걸림돌이 되고 말았다.

활란은 눈을 감을 때, 어린 시절 자신을 영화소학교에 보낸 모친의 마음을 조금이나마 떠올렸을까?

누구도 자유로울 수 없다

본격적인 이야기에 앞서 2가지 축을 먼저 짚어두고 싶다. 하나는 이화여대, 또 하나는 종교다. 신여성이라는 수식이 붙고, 이화여대 초대 총장을 역임하고, 우리나라 여성 최초의 박사 타이틀을 거머쥔 자라면 후발 주자들에겐 당연히 동경의 대상이다. 박사라는 타이틀이 이승만으로부터 보편화되었다고 말하는 것처럼, 당시 김활란의 위상은 타의 추종을 불허했다. 아니다. 이런 표현도 적절치 않다. 그냥 혼자 우뚝 서 있는 고목이었다.

튀어나와 있는 못은 망치질 당하기 십상이지만 반대로 생각하면 그 못만 잘 관리하면 나머지 못은 알아서 관리가 된다는 뜻이기도 하다. 김활란은 분명 중요한 변곡점에서 친일의 행적을 뚜렷이 남겼다. 하지만 그녀를 동경한 후배들, 특히 이화여대와 결부되어 있거나 YWCA에 관련이 되어 있는 사람들은 하나같이 입을 닫거나 그녀를 옹호했다. 이유가 무엇일까? 자유로울 수 없었기 때문이다. 그들의 행동은 단순히 그녀를 옹호하기 위한 것만이 아니었다. 그들은 대부분 김활란으로부터 시작된 다양한 지원과 후원을 받았다. 이 상황에서 김활란을 비판하는 건 스스로를 비판하는 것이나 다름없었다. 즉, 이들은 김활란을 옹호하기에 앞서 자기 스스로를 옹호하고자 한 것이다. 때문에 우리가 김활란을 정면으로 마주하는 데는 아주 오랜 시간이 걸렸다. 심지어는 김활란과 마주친 적이 없는 이화여대 학생들도 1990년대 말까지는 그를 옹호했다. 다행히 이후에는 변화가 일어났다. 이화여대 학생들 스스로 김활란 동상을 철거하라는 요구를 하기 시작한 것이다. 더 나아가 지난 2017년에는 1,022명의 이대 학생들의 서명과 모금을 통해 김활란의 친일행적을 담은 팻말이 세워지기도 했다.

일제강점기를 지나며 수많은 사람들이 친일행각을 벌였지만 이제는 정면으로 바라보아야 할때다. 실질적으로 김활란이 신여성으로서 여성의 인권을 위해 노력한 점이 있다하더라도 그 최종 결과가 친일이라면 그 친일로서 바라보아야 한다. 참고로 김활란의 친일행적이 담긴 팻말에는 그가 1942년 '신시대'에 기고한 글의 일부도 담겼다. 내용은 다음과 같다.

"이제는 반도 여성 자신들도 아름다운 웃음으로 내 아들이나 남편을 전장으로 보내야...(중략)...우리도 국민으로서 최대 책임을 다함으로써 진정한 황국 신민으로서의 영광을 누리게 된 것을 생각하면 얼마나 황송하고 감격스러운지..."

여기에 여성의 인권이 있다고 할 수 있을까? 하물며 남성의 인권도 있다고 할 수 있을까? 아들과 남편을 전장으로 보내야 한다고 말하고 있는데 말이다. 이건 그저 전쟁에 대한 찬양이자 지지에 불과하다. 보편적 인류에 대한 가치를 저버리고 있는 것이다. 게다가 황국 신민으로서 영광을 누리게 된다는 표현은 얼마나 부끄러운가. 지금도 김활란과 '여성', '기독교' 같은 키워드를 함께 검색하면 친일 행적을 모조리 빼버린 기사와 행사 기록만을 확인할 수 있다. 지금이라도 역사를 바로 잡아야 한다. 그가 그럴듯한 명분으로 자신을 포장하기에 앞서, 일제강점기에 조선인들의 전쟁 참여를 종용했을 만큼 친일 행적이 뚜렷한 사람이라고 이야기할 수 있어야 한다는 말이다. 제일 처음 시작했다고 무조건 칭송 받아야 하는 것은 아니다. 제발 지금이라도 김활란의 이름 앞에 '친일'이라는 수식어가 가장 먼저 붙기를, 명확한 역사의 판단이 이루어지기를 소망한다.

참고 자료

　도서

　논문

저자 소개

도서

강상중·현무암, 《기시노부스케와 박정희》, 이목 옮김, 책과함께, 2010년

고려대학교 한국사연구소, 《한국사:선사시대부터 현대사까지 한 권으로 읽는 한국사》, 새문사, 2017년

고려대학교 한국사연구실, 《한국사의 재조명》, 고려대학교출판부, 2011년

김재원, 《세상에서 가장 짧은 한국사》, 빅피시, 2022년

김재원, 《울게 되는 한국사》, 빅피시, 2023년

만인만색연구자네트워크 미디어팀, 《만인만색 역사공작단》, 서해문집, 2021년

만인만색연구자네트워크, 《한뼘 한국사》, 푸른역사, 2018년

민주화운동기념사업회 연구소, 《한국민주화운동사 1》, 돌베개, 2008년

민주화운동기념사업회 연구소, 《한국민주화운동사 2》, 돌베개, 2009년

민주화운동기념사업회 연구소, 《한국민주화운동사 3》, 돌베개, 2010년

정운현, 《실록 군인 박정희》, 개마고원, 2004년

한국사연구회, 《새로운 한국사 길잡이 上》, 지식산업사, 2008년

한국사연구회, 《새로운 한국사 길잡이 下》, 지식산업사, 2008년

논문

강제훈, 〈세조,비범한 임금?평범한 임금!〉, 《내일을 여는 역사》25, 2006년

김경록, 〈공민왕대 국제정세와 대외관계의 전개양상〉, 《역사와 현실》64, 2007년

김경수, 〈세조의 집권과 권력 변동〉, 《백산학보》99, 2014년

김광희, 〈인간 김재규와10·26에 대한 재인식〉, 《한국학연구》63, 2021년

김명진, 〈고려 혜종의 생애와 박술희〉, 《영남학》65, 2018년

김범성, 〈朝鮮 燕山君代의王權과政局運營〉, 《대동문화연구》53, 2006년

김삼웅, 〈이완용의 죄와 벌〉, 《내일을 여는 역사》19, 2005년

김성우, 〈조선 숙종대 사회경제정책: 17세기의 위기와 숙종대 사회상〉, 《역사와현실》 25, 1997년

김성은, 〈일제시기 김활란의 여권의식과 여성교육론〉, 《역사와 경계》79, 2011년

김아네스, 〈장희빈,악녀의 누명을 쓴 정치의 희생양〉, 《내일을 여는 역사》23, 2006년

류시현, 〈東京三才'(洪明熹,崔南善,李光洙)를 통해 본 1920년대 '문화정치'의 시대〉, 《한 국인물사연구》12, 2009년

박정희, 〈나의 어린시절〉, 《월간조선》, 1984년

빅중긴, 〈고려 건국의 기반과 개경 천도의 배경〉, 《한국중세사연구》59, 2019년

서은주, 〈센티멘탈 이데올로기 : 해방 후 이광수의 "사끼서술"과 고백의 윤리〉, 《民族文 化硏究》58, 2013년

서중석, 〈이승만과 3.15 부정선거〉, 《역사비평》96, 2011년

손균익, 〈연산군 대 亂言사건을 통해 본 사회 기층의 정치의식〉, 《민족문화연구》73, 2016년

신은제, 〈공민왕의 신돈 등용의 배경〉, 《역사와경계》91, 2014년

안두환, 〈군부권위주의 체제 내 권력승계에 관한 연구 : 박정희에서 전두환, 전두환에 서 노태우로의 권력승계를 중심으로〉, 연세대학교 대학원 정치학과 석사학위 논문

예지숙, 〈식민지 지식인의 엇갈린 선택 – 차미리사와 김활란〉, 《내일을 여는 역사》73, 2018년

오종록, 〈[왜?] 연산군은 왜 폭군이 되었을까〉, 《내일을 여는 역사》4, 2001년

원지연, 〈근대일본의 식민지 동화주의의 실패 - 박춘금(朴春琴)의 경우〉, 《日本語敎育》 81, 2017년

이동진, 〈만주국의 조선인 - 디아스포라와 식민 사이〉, 《만주연구》13, 2012년

이상식, 〈숙종대 保社功臣의 錄勳 과정과 사회적 關係網 분석〉, 《한국사연구》155, 2011년

이완범, 〈1964년 '세대'지 필화사건과 황용주(1918-2001)〉, 《21세기 정치학회보》25-1, 2015년

이이화, 〈이완용의 곡예-친미·친로에서 친일로〉, 《역사비평》19, 1992년

이익주, 〈1356년 공민왕反元政治 再論〉, 《역사학보》225, 2015년

이정신, 〈고려 태조의 건국이념의 형성과 국내외 정세〉, 《한국사연구》118, 2002년

이준식, 〈박정희의 식민지 체험과 박정희 시대의 기원〉, 《역사비평》89, 2009년

임영희, 〈고려 혜종의 죽음과 정종의 왕위계승〉, 《역사학연구》75, 2019년

장성호, 〈한국 군부의 정치개입 배경과 과정에 관한 연구:박정희 정권, 전두환 정권을 중심으로〉, 건국대학교 대학원 정치학과 석사학위 논문, 1996년

정성권, 〈高麗 光宗을 보는 또 다른 시각〉, 《한국인물사연구》19, 2013년

정한웅, 〈이승만의 권력 장악 과정에 관한 연구:대중동원 및 반공 이데올로기의 역할 을 중심으로〉, 《한국과 국제사회》5, 2021년

조경희, 〈관동대지진 전후 제국일본의 조선인 대책과 사회사업 사상- '내선융화'사업 을 중심으로〉, 《대구사학》128, 2017년

조계원, 〈한국의 87년 헌정체제 형성에 관한 연구〉

최주한, 〈이광수와 3·1운동〉, 《한국학연구》57, 2020년

한석정, 〈만주국 시기 조선인의 사회적 지위〉, 《동북아역사논총》31, 2011년

한성훈, 〈권력의 중심에 선 정보기관〉, 《내일을 여는 역사》53, 2013년

한정수, 〈고려 초 왕규의 난에 대한 재검토〉, 《역사와 실학》62, 2017년

한철호, 〈이완용, 망국의 책임자에게 면죄부를 준 친일파의 거두〉, 《내일을 여는 역사》 15, 2004년

한춘순, 〈단종 대癸酉靖難과 그 성격〉, 《한국사연구》174, 2016년

허종, 〈해방 후 이광수의 "친일문제" 인식과 반민특위 처리과정〉, 《대구사학》119,

2015년

홍석률, 〈4월혁명 직후 정군(整軍)운동과 5.16쿠데타〉, 《한국사연구》158, 2012년

홍석률, 〈4월혁명과 이승만 정권의 붕괴 과정-민주항쟁과 민주당, 미국, 한국군의 대응〉, 《역사문화연구》36, 2010년

홍준석, 〈5·16군사정변 주도세력의 분화 요인〉, 《한국민족운동사연구》110, 2022년

황병주, 〈박정희와 근대적 출세 욕망〉, 《역사비평》89, 2009년

저자 소개

홍장원(MC장원)

국내 유튜브 인기 채널 〈엠장기획〉을 운영하는 사장이자 기획자 겸 크리에이터. 팟캐스트 〈잡스러운 연애〉를 기획·제작하며 인기몰이를 했다. 이후 〈우당퉁탕 수해복구〉, 〈경기호황쇼〉, 〈오늘 뜨거운 밤〉 등 〈엠장기획〉의 뿌리 깊은 코너들을 기획하고 제작해왔다. 현재도 팟캐스트와 유튜브를 넘나들며 재치있고 뼈있는 콘텐츠들을 만들어오고 있다.

유튜브 〈엠장기획〉 @m-jang

김재원

고려대학교 대학원 한국사학과 박사과정을 수료했으며, 현재 가톨릭대학교 국사학과 겸임교수, 서울시립대학교 국사학과 강사, 역사문제연구소 운영위원 등등을 맡고 있다. MBC 〈선을 넘는 녀석들 시즌5 - 더 컬렉션〉 출연, 유튜브 〈14F〉 '본스토리'와 〈엠장기획〉 '역사 뇌피셜 그 놈' 등을 진행했다. 저서로는 《울게 되는 한국사》, 《세상에서 가장 짧은 한국사》, 《4·19 혁명을 묻는 십대에게》, 《쉽게 읽는 서울사 : 현대편》2권(공저), 《만인만색 역사공작단》(공저), 《한뼘 한국사 : 한국사 밖의 한국사》(공저) 등이 있다.

오창석

시사평론가 겸 작가로 〈엠장기획〉의 시작부터 지금까지 여러 프로그램에 출연하며 함께해 오고 있다. 평생 말로만 먹고 살 줄 알았는데 어느 순간 글을 쓰기 시작해 《스물아홉 취업 대신 출마하다》, 《대신 써 드립니다》, 《민주당 DNA 갈아엎기》 등의 책을 출간했다. 앞으로도 말과 글을 놓지 않길 바란다.

배상훈

대한민국 경찰청 1기 프로파일러. 일반적인 수사 기법으로 해결되기 힘든 연쇄성 강력범죄 사건과 장기미제 사건 수사에 참여하여 범죄자의 내면을 읽어내는 범죄심리 및 범죄행동분석의 권위자다. 고려대학교 화학과 학사와 사회학 석사 박사를 졸업했다. 서울경찰청 범죄심리분석관으로 일하다가 서울디지털대학교 경찰학과 학과장으로 재임했다. 현재 방송과 팟캐스트를 통해 대중과 깊이 있는 소통을 지향하며, 범죄 피해로부터 자기 자신을 지킬 수 있는 노하우를 널리 공유하는 데 앞장서고 있다. 팟캐스트 〈프로파일러 배상훈의 CRIME〉과 유튜브 팟빵 〈CRIME〉에 출연하고 있고, 개인 채널 〈프로파일러 배상훈의 CCM & ViCap School〉을 운영하고 있다. 대표 저서로는 《누가 진짜 범인인가》, 《대한민국에서 범죄피해자가 되지 않는 법》, 《FBI 범죄분석매뉴얼》 등이 있다.

꿰뚫는 한국사
시대를 뒤흔든 문제적 인물들

초판 1쇄 발행 2024년 3월 6일

지은이 홍장원, 김재원, 오창석, 배상훈

펴낸이 김재원, 이준형
디자인 studio forb

펴낸곳 비욘드날리지 주식회사
출판등록 제2023-0001117호
E-Mail admin@tappik.co.kr

ⓒ 홍장원, 김재원, 오창석, 배상훈
ISBN 979-11-984966-4-5 (03910)